디자인 세계에서 살아남기 위한 현장 지침서

비전공자 디자이너로 살아남기

이응삼이 지음

길벗

비전공자 디자이너로 살아남기

Surviving as Designer for non-major

초판 1쇄 발행 · 2024년 1월 30일

지은이 · 이응삼이
발행인 · 이종원
발행처 · (주)도서출판 길벗
출판사 등록일 · 1990년 12월 24일
주소 · 서울시 마포구 월드컵로 10길 56(서교동)
대표 전화 · 02)332-0931 | **팩스** · 02)323-0586
홈페이지 · www.gilbut.co.kr | **이메일** · gilbut@gilbut.co.kr

기획 및 책임편집 · 최근혜(kookoo1223@gilbut.co.kr) | **표지 및 본문 디자인** · 최주연 | **제작** · 이준호, 손일순, 이진혁, 김우식
영업마케팅 · 전선하, 차명환, 박민영 | **영업관리** · 김명자 | **독자지원** · 윤정아

전산편집 · 신세진 | **CTP 출력 및 인쇄** · 상지사피앤비 | **제본** · 경문제책사

ISBN 979-11-407-0792-8 03000 (길벗도서번호 007176)

정가 19,000원

독자의 1초를 아껴주는 정성 길벗출판사

길벗 | IT교육서, IT단행본, 경제경영서, 어학&실용서, 인문교양서, 자녀교육서 ▶ www.gilbut.co.kr
길벗스쿨 | 국어학습, 수학학습, 어린이교양, 주니어 어학학습, 학습단행본 ▶ www.gilbutschool.co.kr

페이스북 · www.facebook.com/gilbutzigy
네이버 포스트 · http://post.naver.com/gilbutzigy

**이 책이
비전공자 디자이너에게 좋은 점**

이런 사람도 디자이너로 살아남았으니
나도 할 수 있다는 용기를 줍니다.

**이 책이
디자이너에게 좋은 점**

컴퓨터로 피곤해진 눈에
초록색으로 편안함을 줍니다.

"하나님이 그 지으신
모든 것을 보시니
보시기에 심히 좋았더라…"

- 창세기 1장 31절 중 -

감사의 말

가장 먼저 세상을 디자인하신 처음이자 최고이신 하나님께 감사드립니다.
전공을 떠나 새로운 길을 갈 때 응원해준 가족분들, 친구들 모두 감사합니
다. 디자이너 생활을 할 때 도움을 주었던 많은 선배님, 친구들 감사합니다.

인스타그램을 통해서 만났던 여러분들 감사합니다. 그리고 이렇게 책을 출
판할 수 있게 기회를 주신 길벗출판사 감사합니다. 처음 시도하는 과정에서
많은 어려움이 있었는데 그 과정에서 도움을 준 많은 분이 있었기에 책이 출
간될 수 있었습니다.

그리고 이 책을 읽는 독자분들께 감사합니다. 힘들고, 막막할 때 책을 읽으
면서 '이런 사람도 이렇게 열심히 살아남으려고 노력했구나.'라고 생각하시
고, 다시 힘을 얻었으면 좋겠습니다.

감사합니다.

2024, 이응삼이

비전공자, 디자이너 세계로!

기계처럼 돌아가는 일상 생활

집 가고 싶다

타다닥

쳇바퀴처럼
반복되는 하루

비전공자 로드맵 가이드

디자인 세계에 발을 들이고 이 책을 펼쳤지만, 아직도 겁나고 막막한가요? 걱정하지 마세요!! 이 책을 펼친 것만으로도 여러분은 디자이너로 살아남기 위해 떠나야 할 여정 중 반은 성공한 것입니다. 남은 반의 여정은 좀 더 편안히 떠날 수 있게 이 책이 여러분을 안내할 것입니다.

PART 1
환상의 늪, 선택의 숲, 증명의 왕관 길을 떠나는 여정입니다.

이 여정을 통해 디자이너가 되기 전에 디자인 세계의 현실을 이해하고 대응할 수 있는 실전 대응 팁을 얻을 수 있습니다.

PART 2
미수 없는 시믹, 디자인 아카데미, 신입 수련관의 길을 떠나는 여정입니다.

이 여정을 통해 디자인 세계의 험난함을 슬기롭게 헤쳐나갈 수 있는 생존 팁을 얻을 수 있습니다.

PART 3
물경력 삼각지대, 성장의 나무, 번아웃 화산의 길을 떠나는 여정입니다.

이 여정을 통해 제자리에 머무르지 않고 앞으로 나아가는 디자이너가 되기 위한 치트키를 얻을 수 있습니다.

EPISODE
앞만 보고 달리는 것도 좋지만, 잠시 쉬는 시간에 EPISODE를 읽으며 주변을 둘러보길 바랍니다.

부록
주변을 둘러보니 그냥 지나치기 아쉬운 아이템이 많습니다. 알면 힘이 되는 <부록> 내용으로 아이템을 장착해 보세요.

011

PART

3

물경력
주니어 디자이너

비전공자
취준생

기독교학과 전공, 독어독문학과 복수전공. 4년동안 인문학만 파왔던 제가 어느 날 디자이너가 되었습니다. 졸업 후 적성에 맞지 않는 회사를 다니면서 "내가 좋아하는 일은 무엇일까?"라는 물음을 항상 가지고 살았습니다. 이왕 힘든 거 좋아하는 일을 하면서 힘든 게 더 낫다는 생각이 들었기 때문이죠. 포토샵을 배우고 아트웍을 만드는 재미에 빠지기 시작했고, 아트웍에서 시작했던 취미가 포스터, 카드, 각종 POP를 만드는 아마추어가 되었습니다. 하다 보니 재미있고, 나도 모르게 배우면서 뿌듯한 마음이 들기 시작했죠. 그래서 결심했습니다. 확실히 배워서 디자이너가 되겠다! 결심을 한 그 날, 바로 컴퓨터 학원을 등록했고 6개월 뒤 비전공자 디자이너 취업 준비생이 되어 사회에 뛰어들게 되었습니다.

1

환상과
현실

누구나 미지의 세계에 대한 동경을 가지고 있습니다. 디자인 세계는 저에게 신비한 그리고 반짝거리는 세상이었습니다. 그러나, 그 속을 가까이에서 들여다보면 누구보다 치열하게 하루하루를 살아가는 생존자들이 보입니다. 아무것도 모르고 그냥 재미있어서, 멋져 보여서 뛰어든 그곳은 사실 정글이었습니다. 꿈의 세계에 점점 다가갈수록 멀리서 보았을 때는 보이지 않던 것들이 보이기 시작합니다. 가만히 있으면 가라앉는 늪이 있고, 넋 놓고 있으면 내 몫의 식량이 사라지는 그런 정글. 2020년 기준, 약 268,176명의 디자이너가 살아가는 이 정글에서 비전공자인 제가 과연 살아남을 수 있을까요?

"넌 그림을 잘 그리니까 잘할 거야."
"툴 배우는 속도가 빠른데?"

이런 칭찬은 마치 디자인 세계에서 충분히 살아남을 수 있다는 자격조건으로 받아들여졌고, 결국 전 그 환상을 믿고 정글에 입성하게 됩니다. 하지만, 취업 2개월 후 환상은 가루가 되어 사라지게 됩니다. 환상이 사라지니 비로소 현실이 보이기 시작했습니다. 환상과 현실의 괴리를 극복하지 못하면 좌절감과 우울감에 빠지게 되죠. 그래서 때로는 상상을 깨는 현실적인 일들을 바라보아야 합니다. 그리고 이제 살아남기 위해 해야 하는 일들을 찾아야 하죠. 누구나 환상을 가질 수 있습니다. 환상이 때로는 목표를 이루는 데 동기부여가 되죠. 하지만, 환상만으로 현실을 살아간다면 많은 문제가 생깁니다. 현실에 입성하기 전, 환상을 미리 깰 준비를 해야 합니다.

EPISODE 1
비 전공자의
환상과 현실

이제 나도
디자이너가 되는거야!

여유롭게
커피도 즐기고

동료와 프로젝트도
진행하고

좀 멋있어
보이지 않나?

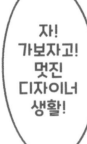

자!
가보자고!
멋진
디자이너
생활!

안녕하세요!

이곳이
디자이너의
작업공간?

포토샵만
다룰 줄 알면
되는 거 아니야?

대부분의 비전공자가 디자이너가 되기 위해서 가장 먼저 하는 일은 '툴 배우기'입니다. 툴을 배우기 위해 학원을 등록하거나, 과외를 받는 경우도 많습니다. 저 또한 6개월의 교육과정을 거쳐 다양한 툴과 포트폴리오를 만드는 과정을 거쳤습니다. 회사에 다니면서 공부했고, 퇴사 후에는 하루 8시간을 학원에서 보내기도 했습니다. 그때는 툴이 디자인의 전부라고 생각했습니다. 툴만 잘 다루고, 예쁘게 만들기만 하면 어디든 취업할 수 있다고 착각했습니다. 하지만, 이것은 깨야만 하는 첫 번째 환상일 뿐이었습니다.

지금 다시 생각해 보면 이 환상은 정말 어리석은 생각이었죠. 만약 누군가가 집에서 레시피를 보고 그대로 따라서 요리를 맛있게 만들었습니다. 음식은 맛있을 수 있어도, 아무도 그를 전문 요리사라고 하지 않죠. 블로그와 유튜브에 있는 수많은 레시피는 누구나 볼 수 있고, 누구나 그 음식을 만들 수 있습니다. 요리에 대한 이론 공부, 연구, 다양한 도전, 트렌드, 고객들이 돈을 지불하고 먹을 수 있는 결과물, 이 외의 조건들을 갖춘 사람을 우리는 전문 요리사로 인정합니다. 디자이너도 마찬가지예요. 단순히 툴만 다루는 사람은 '툴러'라고 합니다. 물론 툴을 다루는 것 또한 전문적인 기술이 필요한 일이지만, 이것 자체를 디자인이라고 부르기는 어렵습니다.

비전공자로 디자인 업계에 취직하려는 분들이 가장 많이 물어보는 질문 중 하나는 "포토샵 자격증 따는 거 어렵나요?"입니다. 취업을 위해 필요하냐는 질문의 의도였다면 저는 이렇게 답하죠. "자격증 딸 필요 없어요. 포트폴리오에 힘을 더 쓰는 게 좋아요." 취업할 때 필요한 것은 '디자인'이지 '툴 실력'이 아니기 때문입니다. 회사는 디자인적인 결과물을 만들어 낼 수 있는 기획력과 작업력을 요구합니다. 물론 비전공자이기 때문에 "제가 이만큼 포토샵과 일러스트레이터를 할 줄 알아요!"라는 목적의 증빙자료가 있으면 좋지만, 그보다 '디자인'을 위한 포트폴리오에 더 힘을 쏟는 것이 좋습니다.

그렇다고 툴을 완전히 무시하라는 것은 아닙니다. 실제 컴퓨터 학원에 다니다 보면 전공자분들을 자주 만나게 됩니다. 툴을 배우는 것이 중요하기 때문에 학교 이외의 교육 현장에서 그 기술을 배우는 것입니다. 하지만, 반대로 생각하면 디자인 전공자들은 툴이 아닌 다른 수업에 더 비중을 가지고 있다는 뜻이 됩니다. 툴은 그저 디자인을 표현하기 위해 '거둘 뿐'입니다. 역사적으로 디자인이 시작되었을 때는 포토샵과 일러스트레이터가 없었죠. 모두 수작업으로 진행했습니다. "디자인=툴"이라는 공식부터 깨지면 앞으로 디자인을 보는 시각이 달라집니다.

Design ≠ Tool

예쁘게 만들면
되는 거 아니야?

●●●

일상에서 디자인을 접할 기회는 많습니다. 거리의 현수막, 포스터, 간판 등등 그 범위 또한 다양하죠. 수많은 디자인 가운데 종종 구식으로 보이거나 심심해 보이는 디자인들도 있습니다. 그런 디자인을 보면서 '내가 만들어도 저것보다는 잘 만들겠다.'라고 생각해 본 적이 있다면 두 번째 환상에 빠져있을 확률이 높습니다. 또한, 비판의 이유가 '트렌드하지 않기 때문에, 시각적 즐거움이 없기 때문에, 내 취향과 다르기 때문에'라는 이유라면 그 확률이 더욱 높아집니다. 저 또한 이 환상에 빠졌던 사람 중 한 명이었죠. 디자인이 시각적 조화를 추구하는 것은 맞지만, 반드시 '예뻐야 하는 것'은 아닙니다.

일을 하다 보면 한 가지 스타일만 고집할 수는 없습니다. 때로는 무미건조하고 심플한 디자인을 해야 할 때가 있다면, 화려하고 시선을 끄는 디자인을 해야 할 때가 있죠. 각 디자인 스타일 자체는 문제가 되지 않지만, '왜'라는 이유가 없는 디자인은 아무리 보기에 예쁘다고 해도 그저 '예쁜 쓰레기'가 될 뿐입니다.

정태영 현대카드 부회장은 현대카드 오버 더 레코드(Over the Record) '디자인편'에서 다음과 같은 말을 합니다.

"좋은 디자인은 무엇인가? 예쁜 디자인? 멋있는 거? 아닙니다. 여러분이 표현하고자 하는 단어를 가장 잘 표현해 주는 디자인이 가장 좋습니다."

아직도 예쁜 것이 디자인이라고 생각하나요? 그렇다면 다음 예시에 집중해보길 바랍니다. 이미지를 상상하면서 글을 읽으면 더 도움이 될 거예요. 전통 국밥이 유명한 지역에 여행을 갔습니다. 그 지역에 들어가니 두 개의 국밥집이 보입니다. 메뉴, 가격, 맛, 위생 등 모든 조건이 같은데 인테리어에 큰 차이가 있습니다. 한 가게는 궁서체로 '국밥'이라고 쓰여 있는 큰 간판과 투박한 인테리어로 가게를 꾸몄고, 입구에 가마솥에 끓고 있는 사골이 보입니다. 다른 가게는 미니멀하고 모노톤의 컬러로 가게를 꾸몄고, 테이블마다 버섯모양의 조명이 올려져 있습니다. 여러분은 어디에 발길을 옮길 건가요?

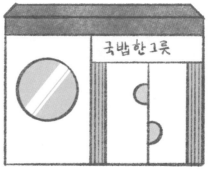

대부분 전자의 가게를 방문할 것입니다. 단순히 트렌디하고 예쁘다고 모두 통하는 것은 아닙니다. 대상에 담긴 메시지에 따라, 제품이나 플랫폼에 따라 우리 눈에 보기에는 '촌스러움'을 추구해야 할 때도 있습니다. 만약 본인이 예쁘다고 생각하는 디자인만 할 경우, 이러한 '촌스러운' 디자인 할 때 자괴감을 느끼며, 클라이언트와 같이 협업하는 사람들과 소통이 단절될수 있죠. 이러한 상황을 예방하기 위해 다시 환상을 깨야 합니다. 디자인은 단순히 '예쁜 것을 만드는 것'이라는 환상을 말이죠.

물론, 사람은 아름다움을 더 선호하는 경향이 있습니다. 하지만, 이 '아름다움'이라는 기준이 애매모호합니다. 사람들을 구조하고 나온 소방관의 그을린 피부를 우리는 아름답다고 합니다. 이는 사람들이 그을린 피부에 아름다움을 느끼는 것이 아니라, 한 생명을 구한 사람에 대한 희생과 사랑에 대한 아름다움을 느끼는 것입니다. 스토리가 없는 시각적 아름다움만이 아름다움이 아니기 때문이죠.

위에서 언급한 좋은 디자인은 표현하고자 하는 단어를 가장 잘 표현해 주는 디자인입니다. 충주시 포스터는 대한민국에서 공무원이 만들 수 있는 가장 파격적인 디자인으로 뽑힙니다. 보노보노 PPT에서 볼 듯한 원색의 색과 기본 폰트, 간격이 맞지 않는 요소들 등 디자인적으로 사실 예쁘지 않습니다. 그럼에도 이 디자인이 사람들의 마음을 사로잡은 이유가 있습니다. 기존에 획일화된 공공기관의 홍보물과는 다른 행보, 직관적인 메시지 전달, 유행하는 밈을 활용한 개그 소재 등 참신함과 동시에 그들의 메시지 '홍보'에 확실한 효과가 있기 때문입니다. 한때 이 포스터의 열풍으로 저는 오히려 역 폭풍을 맞았습니다. 고객에게 신뢰와 편안함을 제공하는 곳에서 B급 감성의 디자인을 갑자기 요구하기 시작했죠. 당시 신입이었던 저는 반대하고 싶은 마음이 있었지만, 결국 요구대로 눈물을 머금고 작업을 시작했습니다. 이렇게 몰아붙인 결과, 고객 후기에는 부정적인 글들이 올라왔죠. "전혀 어울리지 않고, 신뢰감이 떨어진다. 생뚱맞다."라는 반응을 본 후에 결국 B급 감성은 사라지게 되었습니다. 예쁜 것이 디자인이 아니듯, 트랜디한 것이 무조건 좋은 디자인이 아닙니다. 다시 한번 현실에 직면한 순간이었습니다.

디자인
작업만 하면
되는 거 아니야?

가끔 디자인 커뮤니티를 보면 "왜 이걸 제가 해야 해요?"라는 물음이 종종 올라옵니다. 정말 부당한 요구들도 있고, 급여에 비해 너무 많은 일을 하는 사람들도 있으며, 디자인과는 전혀 관련 없는 일을 하며 힘들어 하는 사람들도 있습니다. 하지만, 정말 '결과물'만 만드는 작업만 디자인이라고 생각하는 분들도 있습니다. 저 또한 그런 생각을 한 적이 있죠. 일하면서 '왜 내가 이거까지 해야하지?'라는 물음으로 일을 하다 보니 결국 이것을 핑계로 점점 나태해졌습니다. 결과적으로 디자인에 대한 어떠한 발전도 가지지 못했죠.

디자인 과정을 파악해 보면 첫 과정이 '툴을 켜라.'가 아닙니다. 처음은 항상 '조사(Research)'입니다. 어떠한 시장인지, 어떠한 소비자층을 가졌는지, 어떠한 목표를 가졌지에 따라 디자인의 결과물은 달라집니다. 조사 단계를 반복하고 반복하다 보면 디자인의 이유를 찾게 됩니다. 앞서 말했듯, 이유가 없는 디자인은 소비자를 설득하지 못해 결국은 폐기되고 맙니다. 물론, 더욱 분업화 되어 있는 환경에서는 조사 없이 결과물만 만들어야 할 수도 있습니다. 하지만, 그런 상황에서도 단순히 주어진 조건을 그대로 따라가는 것보다 왜 이런 조건이 주어졌는지 스스로 고민해 볼 필요도 있습니다. 그 누군가를 위해서가 아닌, 내 자신의 성장을 위해서 말이죠.

디자이너가 혼자 일하는 경우는 거의 없습니다. 마케팅팀, 기획팀, 클라이언트, 외주업체, 발주업체 등 타인과 교류하는 자리에 있습니다. 이때, 그 사이의 교류를 파악하고 조율하기 위해서는 컴퓨터 앞에만 앉아 있어서는 안 됩니다. 발로 뛰고, 메시지를 의도에 맞게 전달하고, 소통의 교통 정리를 해야 할 때도 있습니다. 가끔은 디자인 작업 시간보다 이러한 일들에 더 많은 시간을 쏟기도 하죠.

디자인은 또한 굉장히 넓은 분야의 지식과 경험을 요구합니다. 디자이너 선배들과 만나서 이야기하다 보면 교양 예능 한 편을 찍는 수준의 대화가 오고 가죠. 심리, 과학, 철학, 문학, 음악, 문화 등 대화의 주제가 A에서 Z까지 끊이질 않습니다. 이렇게 다양한 주제들을 가지고 이야기하는 이유는 디자인은 우리의 일상 그 자체이기 때문이죠. 자연물을 제외한 모든 것은 디자인되어 있습니다. 오늘 여러분이 아침에 눈을 뜬 그 현장부터 살펴보죠. 누워있던 침대, 이불, 알람이 울리는 핸드폰, 햇살이 쏟아지는 창문, 입고 있던 잠옷, 천장의 조명 등 그 공간 안에서만 이미 수많은 것들이 디자인되어 있습니다. 디자인은 모든 일상에 존재하며, 그만큼 적용되는 범위도 넓습니다. 이러한 부분은 비전공자들에게 오히려 좋은 점으로 다가옵니다. 다른 분야에서 이미 전공자이기 때문에 또 다른 경험 영역을 가지고 있는 것입니다. 이러한 경험을 가지고 디자인적 시선으로 풀어나가는 과정을 거친다면 더 좋은 디자인을 만들 수 있습니다.

웹 디자인만 10년 넘게 종사한 디자이너 선배님께서 "1년 차 때는 선 하나 긋는 것이 과감했는데, 이제는 선 하나 그을 때도 이유를 붙여줘야 해서 힘들다."라는 말을 한 적이 있습니다. 당시 신입이었던 저는 그 말을 이해하지 못했죠. '10년 차면 더 편해져야 하는 거 아닌가?'라는 부끄러운 생각을 했습니다. 시간이 지난 지금은 선 하나 긋는 것이 왜 어려운지 이유를 알게 되었습니다.

"Supercalifragilisticexpialidocious"

해당 단어는 영어에서 가장 긴 단어로 뮤지컬영화 메리 포핀스에서 나오는 주문입니다. 이 책 내용과 관련도 없고, 일상생활에서도 사용할 일이 거의 없으며, 중요한 내용도 아니죠. 그럼에도 여러분은 이 페이지에서 위의 단어에 가장 먼저 시선이 갔을 것입니다. 본문의 글과는 대비되는 붉은 색, 굵은 글씨, 다른 서체, 그리고 여백을 사용하여 마치 중요한 내용이라도 되는 것처럼 보입니다. 선 하나, 굵기, 색상, 배치 등 디자인 요소 하나하나에 의미가 있습니다. 그 선이 위치하는 이유, 색상의 이유, 두께의 이유, 길이의 이유를 부여해 주어야 합니다. 의도치 않게 중요하지 않은 내용이 강조되거나, 중요한 내용을 강조하지 못하는 상황이 발생해서는 안 됩니다.

시각적인 정보는 우리 뇌가 '좋다, 나쁘다, 옳다, 옳지 않다' 판단하기 전에 인식이 됩니다. 이러한 시각이 주는 착시, 심리효과는 우리의 일상에서 많은 영향을 줍니다. 휴대전화에서 사진을 삭제할 때 팝업창을 보면 왼쪽은 취소, 오른쪽은 삭제 버튼이 뜨는 것을 볼 수 있습니다. 컴퓨터를 사용한 세대라면 '예(Yes)'가 오른쪽에 위치해 있는 것이 익숙할 것입니다. 그래서 가끔 승인 버튼이 아닌, 취소 버튼을 누르기도 하죠. 이러한 오류를 한 번 더 방지하기 위해 삭제 글자를 '빨간색'

으로 강조합니다. 결과에 영향을 미치는 버튼을 강조한 것이죠.

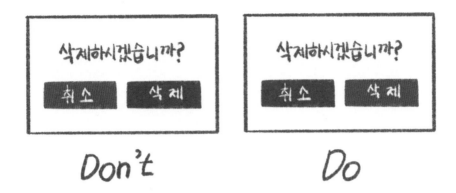

앞서 말했던 환상들은 예고편에 불과합니다. 그럼에도 이 세계에 발을 들이고 싶은 만큼 디자인에 대한 흥미가 생겼다면 여러분은 이 세계에서 충분히 살아남을 수 있습니다! 예기치 못한 수많은 일들, 힘든 일들이 현실에서 기다리고 있겠지만, 더 재미있고 보람찬 일들 또한 기다리고 있습니다. 한 분야에서 다른 분야를 도전한다는 것은 쉽지 않은 일입니다. 그래서 저는 많은 비전공자분들이 힘을 얻고 더욱 성장하기를 바랍니다. 비전공자라는 타이틀이 때로는 걸림돌이 되고 상처가 될 수 있습니다. "다 살이 되고 피가 되는 경험이야."라는 말로 참아야 할 때도 있죠. 저처럼 비전공자로 도전하는 누군가가 같은 아픔과 혼란으로 힘들어하지 않았으면 좋겠습니다. 비전공자 디자이너라는 타이틀이 지금 저에게는 용기를 주는 말이 되었습니다. 비전공자 디자이너로 살아남은 이응삼이의 생존기를 따라 여러분들은 더 넓고 높은 곳을 향해 도전해 보세요!

2

디자인 세계,
어떤 직업을
선택하시겠습니까?

디자인의 세계는 광범위합니다. 광범위한 세계에 뛰어들어 직접 나에게 맞는 직업들을 하나하나 알아보는 것이 좋지만, 비전공자에게는 그럴 시간과 기회가 거의 없죠. 꼼꼼하고 신중하게 선택하고, 선택한 후에는 집중해야 합니다. "어떤 디자이너가 될 것인가?"라는 물음은 단순히 디자인 직종만 이야기하는 것은 아닙니다. 디자인 직종을 뛰어넘어 디자인을 소비하는 소비자, 디자인이 소비되는 시장에 어떤 영향을 전파하고 싶은지 고민해야 합니다. 이렇게 고민하지 않는다면, 살아남기 어려울뿐더러 살아남는다 하더라도 공장처럼 디자인을 찍어내는 사람이 될 수도 있습니다. 언제든 대체될 수 있는 디자이너가 되는 것입니다.

디자인 세계에 발을 들이기로 결심한 날, 학원을 등록했습니다. 나름 이곳저곳 비교하며 신중한 결정을 내렸죠. 그리고 첫 상담 때, 혼란스러웠습니다. 저는 그렇게 많은 디자인 분야가 있는지 몰랐고, 분야마다 배워야하는 툴과 진로가 달라지는 것도 처음 알았습니다. 하고 싶은 것은 '그래픽 디자인'이었지만, 이 분야에서 생계를 유지할 수 있을지 걱정되었습니다. 그래서 당시 인기 있고, 취업이 잘 되며, 연봉이 높다는 모션 그래픽, 3D, 웹 디자인에 관심을 가지기 시작했습니다. 이 분야에 들어간다고 성공한 삶을 사는 것도 아닌데, 그때는 이런 말들에 쉽게 유혹당했습니다. 다행히 상담 선생님은 저의 혼란스러움을 알았는지 각 분야에 대한 내용들을 공유해 주었습니다. 모션그래픽과 3D 디자이너가 왜 초봉이 높은지, 그만큼 노동의 강도가 얼마나 센지, 단순 반복 작업이 의외로 많은 것, 그리고 수많은 사람이 중간에 포기한다는 것도 알려주었습니다. 상담을 받으면서 저는 제가 정말 하고 싶은 디자인이 무엇인지 다시 생각하게 되었습니다.

**EPISODE 2
비 전공자의
신중한 선택**

게임을 하다보면
직업을 선택해야 하는
순간이 오죠.

이 순간만큼은
누구보다 신중하고
진지해집니다.

직업에 따라
스킬이 달라지고

수직베기

사선베기

수평베기

보상 조건 또한
달라지게 됩니다.

검사 21Lv

마법사 15Lv

한 번의 선택,
클릭이 중요한 이유입니다.

현실에서도 마찬가지로
돈과 시간을 날리게 됩니다.

그렇기 때문에
꼼꼼한 리서치와
결정이 필요하죠.

다양한 분야에서
자신의 꿈을 펼치도록
탐색과 빠른 결정이
필요합니다.

디자인의 다양한 분야를
알아가고, 성장하고
깃발을 꽂는 순간까지!
비전공자들의 성장은 계속됩니다!

직업을
선택하시겠습니까?

　　게임에서 레벨을 어느 정도 업그레이드하고 나면, 캐릭터의 직업을 고르는 순간이 다가옵니다. 직업을 선택함에 따라 앞으로의 플레이가 달라집니다. 직업에 따라 주어지는 스킬과 장점이 다르기 때문이죠. '스타듀 밸리'라는 힐링 인디게임에서는 각 전문직을 선택할 때마다 보상이 달라집니다. 목축업자가 되면 우유나 마요네즈와 같이 동물이 생산하는 물품의 가치가 올라가죠. 반면 경작인이 되면 호박, 토마토와 같은 농작물의 가치가 올라갑니다. 만약 농사짓는 것에 흥미가 있고 잘하는데 목축업자가 되면 그 장점을 살리지 못하게 됩니다. 흥미, 능력치와 맞지 않게 특성을 선택할 경우 게임을 다시 시작하거나, 일정 금액을 통해 재 선택을 해야 하는 순간이 옵니다.

▲ 능력과 흥미도에 따라 직업을 선택하는 것이 좋다.

디자인 세계에서도 마찬가지입니다. 분야마다 필요한 능력치, 흥미도가 모두 다릅니다. 이것을 미리 알아야 시간과 비용을 낭비하지 않을 수 있습니다. 처음 선택이 반드시 끝까지 가지 않습니다. 점점 더 빠르게 변하는 세상에는 새로운 직업도 생기고, 사라지는 직업들도 있습니다. 지금 우리가 고민해야 하는 것은 평생 직업이 아닌 '내가 잘 해낼 수 있는' 직업입니다. 디자인을 하고 싶다는 생각이 들면 대부분 포토샵과 일러스트레이터를 배우기 위해 학원을 등록합니다. 디자인의 기초 툴로 포토샵과 일러스트레이터를 사용하기 때문에 배우는 것 자체에는 문제가 없습니다. 다만, 어떠한 목적과 분석 없이 툴을 배우다 보면 길을 잃게 됩니다. 유행에 따라, 연봉에 따라 배우는 툴만 점점 늘어나게 됩니다. 포토샵, 일러스트레이터로 시작했던 툴 공부가 인디자인, 피그마, 에프터 이펙트, 프리미어 프로, 파이널 컷, XD 등 툴 배우는데 대부분의 시간을 보낼 수 있습니다. 유행과 연봉, 툴이 무시해야 하는 기준은 아닙니다. 그러나, 직업의 기준에는 본인의 역량, 흥미, 적성 등 더욱 중요한 것들이 존재합니다. 그렇기 때문에 내가 어떤 디자인을 해야 하는지 생각하는 시간이 입문 전에 필요합니다.

결과물이 아닌 디자인의 가치를 생각하자

앞서 말했듯, 디자인 세계에 입문하기 전 어떤 디자인을 하고 싶은지 고민하고 생각하면 훨씬 더 빠른 결정과 함께 목표에 집중할 수 있습니다. '비전공자'는 전공자보다 시간과 노력을 두 배로 더 들여야 하므로 신중하고 빠른 결정을 해야 합니다. 내가 하고 싶은 디자인이 무엇인지 생각할 때, 어떠한 결과물을 생각하면 안 됩니다. 예를 들어 '나는 포스터를 만들고 싶어', '책을 만들고 싶어'라는 접근은 내가 하고 싶은 디자인을 선택할 때 중요한 것을 놓치게 됩니다. 이에 관한 이야기 중 UX/UI 디자인을 공부할 때 읽었던 재미있는 예시가 있습니다.

'의자'를 만든다고 했을 때,

제품디자이너들은 어떤 재질로 만들지, 어떤 컬러로 만들지,

어떤 굴곡을 줄지에 대해서 먼저 생각한다면

UX 디자이너들은 어떻게 하면 사용자가 가장 편할지에 초점을 두어

'빈백'과 같은 새로운 형태의 디자인을 만들 수 있다.

▲ 사용자의 마음을 움직이는 UX 디자인의 힘 (김동후 지음)

036

이 예시는 디자인에서 무엇을 만들지가 중요한 것이 아님을 보여줍니다. '사용자가 어떤 디자인에서 가장 편할지' 생각하는 디자이너는 의자든, 포스터든, 책상이든, 결과물인 형태보다 디자인을 만드는 가치에 기준을 두어 어떠한 형태로든 그 가치를 실현한다는 점입니다. 1차원적으로 어떠한 결과물을 만들지에 대해 생각한다면, 나중에 자신이 추구하는 디자인의 방향성과 달라 혼란스러워하는 경우도 많이 보았습니다. 그러므로 추구하는 디자인의 방향성이 무엇인지 다시 생각해 볼 필요가 있습니다.

디자인의 종류는 워낙 다양하고 어떤 것을 기준으로 하는가에 따라 나눠지기 때문에 모든 디자인의 종류를 소개하는 것은 이 공간에서는 의미가 없습니다. 디자인의 종류를 알기보다는 내가 추구하는 방향성을 알고 난 다음에 디자인 분야의 종류를 공부하는 것이 좋죠. 위조지폐를 가려내려면 진짜 화폐의 특징을 알고 있어야 하는 것처럼 말입니다. 내가 정말 원하는 것이 무엇인지에 집중하는 것이 좋습니다. 그렇기 때문에 디자인 분야를 정한 분들도, 아직 정하지 못한 분들도 다음 질문들에 고민해보면 좋겠습니다.

1. 나는 왜 디자이너가 되려고 하는가?

초등학생 때 한번씩은 경험했던 '꿈 발표' 시간. 우리는 저마다 각자의 꿈과 그 이유를 친구들에게 이야기했습니다.

"저는 사람들을 돕기 위해 변호사가 되고 싶습니다!"

"저는 먹는 것을 좋아하기 때문에 요리사가 되고 싶습니다!"

"저는 아빠처럼 멋있는 아빠가 될 거예요!"

저마다 직업과 그 이유가 다릅니다. 선의, 취향 또는 정말 '멋있기' 때문에 그 꿈을 선택합니다. 디자인의 세계에 뛰어들 때도 마찬가지입니다. 내가 왜 디자이너가 되려고 하는지 생각해 봐야 합니다.

저는 평소 영화 포스터에 관심이 많습니다. 1시간 20분에서 길게는 3시간 분량의 영화를 한 장의 이미지에 담는다는 것은 꽤 멋있다고 생각합니다. 2022~2023년 대한민국을 강타한 '더 글로리' 열풍에서 포스터가 주는 중요성을 설명할 수 있을 것 같습니다. 시즌 1이 끝나고 공백 기간 사람들은 여러 추측과 가설들을 풀어놓기 시작했습니다. 추측의 대상으로는 드라마의 포스터도 포함되어 있었죠. 사람들은 포스터 속에서 인물 간의 관계, 앞으로 인물이 놓일 상황, 또는 시즌 1에서의 복선 등을 요소 하나하나 분석하면서 자신들의 의견을 어필했습니다.

이렇듯 영화 포스터는 영화의 전반적인 분위기, 핵심 메시지, 인물 간의 관계, 주제를 모두 담고 있습니다. 이 많은 것들을 '시각적'으로 풀어내는 과정에서 재미를 느꼈죠. 그러면서 자연스럽게 영화 포스터에 관심을 가지기 시작했습니다. 국내와 해외 포스터를 비교하며 그 차이에 재미를 느끼기도 하고, 리디자인 된 팬들의 영화 포스터를 보면서 감탄하기도 했죠. 피그말리온, 빛나는, 프로파간다 등 당시 한국 영화 포스터의 새로운 디자인 스튜디오들이 등장한 것에 환호성을 지르기도 했습니다. 영화관에 가면 팸플릿을 모으고, 포스터를 구매하는 등 영화 포스터에 대한 애정을 품고 있었죠. 보기만 해도 흥미로운데 내가 직접 작품의 함축적인 의미를 발굴하고 이를 시각적으로 표현하여 만든 포스터를 사람들이 분석하고 파악한다면 얼마나 보람찰까요! 그래서 저는 '사람들에게 **이미지**로 메시지를 전달하는 그래픽 디자이너'가 되기로 결심했습니다.

좋아하는 아이돌의 비공식 굿즈를 만들면서 디자인을 시작한 사람, 평소 좋아하던 제품에 매료되어 제품 디자이너가 되기로 결심한 사람 등 디자인을 생각하게 된 계기는 다양합니다. 수많은 직업군 중에 디자인을 선택한 이유는 분명히 있을 겁니다. 이 이유는 일을 하는 동안 엄청난 동기부여가 됩니다. 또한 새로운 일을 하거나, 어떤 일을 포기해야 할 때 내가 왜 디자인하는지에 관한 답이 있다면 그 선택에 대한 결정에서 길잡이가 됩니다. 이제 동기는 충분하니 현실적인 고민을 다시 해보아야 합니다.

2. 과정을 즐길 수 있는가?

커리어 기준이 재미가 아닌 과정이어야 한다는 메시지를 어떻게 전달할지 고민하던 중 한 브런치 글을 보았습니다. 이보다 더 좋은 비유가 없다고 생각하여 마케팅 전문가 서현직 님의 브런치 글을 공유합니다. "'골'이 좋아서 공격수를 하겠다고?"라는 브런치 내용을 요약하자면 다음과 같습니다. '골' 넣는 것이 멋있어서 공격수를 선택하지만, 공격수가 하는 일은 '골'을 넣기 위해 거친 수비를 뚫어야 한다는 문제를 풀어내야 합니다. '골'이라는 결과만 생각하고 공격수가 되면 금방 공격

수 역할에 흥미를 잃게 됩니다. 커리어의 방향을 잡을 때 중요한 것은 '재미'가 아닌 '주어진 문제를 푸는 것'입니다. 즉, 재미있어 보이는 결과가 아닌 풀었을 때 보람이 있을 것 같은 문제를 커리어 방향의 기준으로 삼아야 한다는 것입니다.

흥미는 말 그대로 '관심'입니다. 어떠한 일을 시작할 때는 이러한 관심을 가지고 시작합니다. 하지만, 어떠한 일이든 그 과정에는 한계와 어려움이 존재합니다. 그 고통을 극복하면 한 단계 성장하지만, 다음 단계로 넘어가기가 쉽지는 않습니다. 바리게이트 앞에서 흥미를 잃고 돌아가는 사람이 있는가 하면 지속적인 관심으로 그 과정마저 즐기고, 과정에서 보람을 느끼며 바리게이트 너머의 세계로 나아가는 사람들이 있습니다. 노력하는 사람은 '즐기는' 사람을 이기지 못한다는 말의 뜻이 이것입니다. 즐기는 사람은 단순히 '즐기기'을 못는 것이 아니라 그 고통스러운 과정마저 추후의 즐거움을 위해 견뎌내는 사람을 뜻하죠.

디자인하다 보면 배워야 하는 것들이 많습니다. 디자인 자체도 배울 것이 많은데 이 디자인에 논리적 힘을 더하기 위해 기획, 심리, 문화, 트랜드 등 다양한 분야를 공부해야 하죠. 또한 피드백이 필요하기 때문에 불가피하게 좋지 않은 소리도 듣고, 항상 평가받는 자리에 놓여있습니다. 메시지를 효과적으로 표현하기 위해 다양한 시각적 요소를 분석하고 배치하는 과정을 겪고, 최종 시안까지 수정에 수정을 거치는 시간을 보내기도 합니다. 때로는 발로 뛰며 현장을 오가기도 하죠. 분야에 따라 반대로 몇 시간을 모니터 앞에 앉아서 작업만 할 수도 있습니다.

수많은 현실의 상황 속에서 디자인을 할 수 있는 힘이 디자인 결과물이 아닌, 디자인을 하는 그 과정과 가치 실현에 있다는 것을 느낀다면 여러분은 이제 디자인 세계에 입문할 준비가 된 것입니다.

▲ 수많은 연습이 있어야 트로피를 가질 수 있습니다.

3

비전공자,
나를
증명해야 한다는 숙명

"디자인 세계는 평등하다.
다만, 실력이 중요하다."

취업 시장에 뛰어들면서 우리는 나 자신을 증명하기 위한 많은 스펙과 자격증, 경험을 쌓아갑니다. 비전공자 디자이너에게는 증명해야한다는 사명감이 더욱 절실하죠. 다행히 디자인의 세계는 다른 세계보다 오히려 공평하고 확실합니다. 전공자, 비전공자를 나누기보다 '포트폴리오'의 디자인 감각과 능력을 보고 판단하기 때문입니다.

비전공자가 전공자만큼 잘하기는 물론 어려운 일입니다. 하지만, 어느 정도의 희망이 우리에게 주어졌습니다. 이제 우리는 나를 증명하기 위해 부단한 노력과 증거들을 모으기 시작해야 합니다. 비전공자 디자이너에게는 이 과정부터 어렵습니다. 전공자들은 학교에서 수업 시간에 진행되는 과제나 친구들과 의견을 모아 공모전을 나갈 수있습니다. 비전공자는 자율적으로 이 과정들을 혼자 만들어 나가야하죠. 조건을 제시할 사람도, 피드백 해줄 사람도 없습니다. 어떻게해야 나를 증명하여 이 세계에서 살아남을 수 있을까요?

**EPISODE 3
비전공자의
숙명**

같은 비전공자라도
밑에 두 포트폴리오 중
어떤 것이 더 전문성이
있어 보이나요?

〈비전공자 포트폴리오〉

브랜드 디자인 공모전작업.jpg
리브랜딩 개인작업.jpg
그래픽 디자인 외주작업.jpg

오...

〈비전공자 포트폴리오〉

브랜드 디자인 개인작업.jpg
리브랜딩 개인작업.jpg
그래픽 디자인 개인작업.jpg

잉?

비전공자라면 자신을 증명해야합니다.
따라서 공모전, 자격증, 사이드프로젝트 등
다양한 곳을 통하여
자신의 실력, 감각을 드러낼 수 있습니다.

그럼 비전공자만 너무 불리한거 아닌가요?

사실 디자인 세계는 누구에게나 공평합니다.

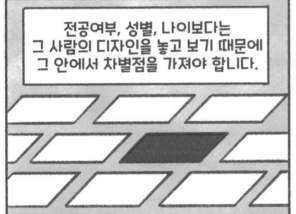

전공여부, 성별, 나이보다는 그 사람의 디자인을 놓고 보기 때문에 그 안에서 차별점을 가져야 합니다.

결국, 중요한건 디자인 실력이죠.

기준

그래서 '비전공자'라는 조건은 문제가 되지 않습니다. 문제는 디자인 실력이죠.

형이

없음

비전공자

자타공인의 디자이너가 되는 그날까지 도전을 멈추지 마세요!

나를 증명하는 방법들

1. 공모전을 통해 증명하기

디자인 공모전은 생각보다 많으며 다양한 곳에서 열리고 있습니다. 공모전에 도전해야 하는 가장 큰 이유는 '타인이 내 디자인에 대해 증명해 줄 기회'이기 때문입니다. 큰 공모전에서 작은 공모전까지 그 과정에 참여하고 어떤 결과를 얻는다면 그것은 디자인에 대한 평가가 됩니다. 개인 작업으로만 채워진 포트폴리오보다 공모전 결과물들이 있는 포트폴리오가 디자인에 대한 신뢰성을 높여줍니다.

공모전은 또한 평소 자신이 관심 있던 기업이나 주제를 공부하면서 디자인 결과를 만들 수 있는 좋은 기회입니다. 비전공자들이 힘들어하는 부분 중 하나는 작업물조차 내가 설계하고 만들고 평가해야 한다는 한계에 부딪히기 때문입니다. 공모전은 이러한 고민을 해결해 주는 좋은 기회입니다. 또한, 기업에서 진행하는 공모전의 경우 수상으로 디자인 분야 지원 시 가산점을 주는 기업들이 있습니다. 이러한 공모전을 통해 경험도 쌓고 취업에 유리한 조건을 얻을 수 있습니다. 꼭 수

상하지 않더라도 개인 작업으로는 접근할 수 없었던 부분들을 기획하고 도전한다는 것은 큰 자산이 됩니다. 규모가 크지 않더라도 작은 것에서부터 도전하는 것이 좋습니다. 저 또한 처음에는 작은 공모전에서 몇몇 작업물이 선정되었고, 이 과정에서 처음으로 클라이언트와 소통하는 법도 배울 수 있었습니다. 디자인, 아이디어, 사진 등 혼합적으로 세분된 공모전같이 작은 부분부터 시작하는 것을 추천합니다.

공모전 작품은 포트폴리오를 채울 뿐만 아니라 면접장에서도 그 역할을 해냅니다. 실제 면접 당시 공모전 작품에 대한 질문을 많이 받았습니다. 참여의의와 작업물의 방향, 컨셉 등 공모전을 진행하면서 '디자인을 어떻게 설계했는가?'에 대한 물음이었어요. 다른 작품들은 개인 작업이어서 상황부터 컨셉까지 모두 '내'가 설계했지만, 공모전은 실제 클라이언트가 있고 그 요구조건에 맞게 어떻게 디자인했으며, 클라이언트의 요구와 디자인이 접합점을 찾았는지 능력을 보여줄 수 있어 실무에 어떻게 대응하는지 볼 수 있기 때문이죠.

해외로 취업을 준비하는 분들 중에서는 해외 공모전을 통해 미리 경험을 쌓거나, 바로 취업으로 이어지는 경우도 보았습니다. 공모전은 디자인 작업을 반 강제적으로 만들 수 있고, 잘하면 상금도 받을 수 있어 취업 준비 시기에 도전하면 좋은 활동입니다. 물론 공모전을 선택할 때 앞으로의 지원 분야, 관심 분야까지 고려해야 합니다. 공모전에는 입상하였지만, 포트폴리오와 맞지 않아 소개하지 못하는 경우도 있기 때문입니다. 이 점은 추후 포트폴리오 편에서 더 자세히 설명하겠습니다.

2. SNS를 활용하여 증명하기

요즘은 인터넷과 콘텐츠만 있다면 누구나 나를 알리고, 온라인에서 내 공간을 꾸밀 수 있는 시대입니다. 포트폴리오를 만들 뿐만 아니라 자신의 디자인 작업물 또는 디자인 관련 내용을 게시물로 정리해두는 것은 좋은 자산이 될 수 있습니다. 개인적인 용도가 아닌 자신의 퍼스널 브랜딩을 위해 운영하는 계정이라면 중구난방으로 이것저것 올리거나 방치해두는 것은 좋지 않습니다. 꼭 작업물을 올리지 않아도 됩니다. 디자인에 대한 최신 이슈, 영감 등 자신만의 디자인 아카이브를 만드는 것도 좋은 방법입니다. 이미지만 올리기보다 내 생각을 글로 공유하면 계정에 대한 정체성을 분명히 할 수 있겠지요.

저의 첫 인스타 계정은 '아트웍' 작업물을 올리는 계정이었습니다. 포토샵을 이용해 다양한 아트웍들을 주제에 맞춰 만들었고, 취업 준비를 하는 동안 한 달에 한두 번 정도 포스팅하였습니다. 포스팅하고 관련 계정들과 소통하며, 많지는 않지만 몇몇 사람들의 '댓글'이나 '좋아요'도 모을 수 있었습니다. 이 활동은 취업 준비하는 동안 많은 도움이 되었어요. 먼저, 취업을 위한 작업물이 아닌 내가 만들고 싶은 작업물들을 올리며 사람들과 소통하는 것에서 힘을 얻었습니다. 그리고 면접 때 좋은 인상을 심어 줄 수 있었어요. 포트폴리오를 위한 디자인 이외에도 평소 디자인에 대한 애정이 있음을 보여주기 때문입니다. 그리고 계정을 통해 디자인 세계에 한 발 더 들여놓을 수 있었습니다. 사실 비전공자들이 가장 어려워하는 부분이 디자인 커뮤니케이션을 할 수 있는 공동체, 인맥이 없기 때문입니다. 단순히 취업을 위한 인맥을 넘어, 디자인 이야기, 이슈 고민을 나눌 공동체가 없어 외딴섬에 있는 느낌도 많이 받거든요. 디자인 계정은 다양한 분야에서 일하는 디자이너분들과 소통할 좋은 도구가 되었습니다. 많은 '팔로워', '좋아요'를 목표로 하지 않아도 됩니다. 일단 시작해 보는 것이 어떨까요?

하지만, 이왕 시작한 SNS를 잘 키우고 싶은 분들에게 몇 가지 팁을 알려드리겠습니다. 디자인 계정에도 다양한 스타일이 있습니다. 디자인 작업물을 올리는 계정, 디자인 팁을 알려주는 계정, 디자인 이슈를 정리한 계정, 디자인 일상을 재미있게 풀어낸 계정 등. 많은 방법 중에서 여러분들이 지치지 않고 꾸준하게 할 수 있는 방향으로 선택하는 것이 좋습니다. 또한, 원하는 목적에도 부합해야겠죠. 제 계정에는 저의 개인 디자인 작업물이 보이지 않습니다. 제 계정의 목적은 많은 사람이 디자인에 대해서 다시, 또는 새롭게 생각하고 비전공자들이 디자인을 시작하고 성장하는 데 도움이 되는 것입니다. 그래서 디자인 이슈, 실무 이야기, 디자인 철학 등 다양한 이야기를 인스타툰으로 풀어내고 있죠. 반면, 디자인 작업물을 올리는 계정들도 있습니다. 프리랜서로 활동하시는 분들은 자기 작업물과 함께 작업 과정에서 자신이 표현하고자 했던 이야기를 그려냅니다. 또는 교육을 위해 디자인 툴, 디자인 감각을 주제로 이야기하는 계정도 있고요.

방향성을 정했다면 자신이 추구하고자 하는 가치와 메시지에 따른 컨셉을 기반으로 채널 이름, 로고, 컬러, 폰트 등을 설정합니다. 저는 계정을 만들 때, 귀엽고 멋있어 보이는 영어 아이디가 가득한 인스타그램에서 친근하면서 정감이 가는 이미지를 만들고 싶었습니다. 그래서 제 이름의 모음 첫 글자 ㅇㅇㅇ(이응이 세 개)에서 영감을 받아 '이응삼이'라는 닉네임을 짓게 되었습니다. 또한 편안하면서 차분하고, 생기 있는 '초록색'을 사용했습니다. 콘텐츠는 누구나 친숙하게 디자인 이야기에 참여하는 것을 목적으로 쉽고, 공감되고, 재미있게 풀어나가기로 했습니다. 물론 처음부터 잘되지 않았습니다. 하지만, 포기하지 않고 여러 사람의 도움도 받고, 조언도 얻었습니다. 꾸준히 진행하다 보면 분명 사람들이 내 계정에 어떤 점을 좋아하는지 알게 되고 자연스럽게 내 이야기를 찾는 사람들이 많아지게 됩니다.

3. 자격증

어떤 디자인을 하느냐에 따라 자격증의 종류는 천차만별로 달라집니다. 보통 디자인 툴의 가장 기본인 '포토샵'과 '일러스트레이터'에 대한 자격증을 대부분 취득하려고 하죠. 없는 것보다 있는 것이 좋지만, 굳이 추천하는 방향은 아닙니다. 디자인의 영역보다 정말 '툴' 자체를 다룰 수 있는 능력을 증명하는 것이기 때문입니다. 이 외에도 많이 도전하는 자격증은 컬러리스트 시험이나 컴퓨터 그래픽 운용 기사 등이 있습니다. 필요한 분야도 있지만, 대부분 취업에 도움이 될 것 같아서 그냥 취득하는 경우가 많습니다. 시험 가격도 비싼 편이고, 많이 공부해야 하는 부분도 있어 자격증 취득은 신중히 결정하고 공부하는 것이 좋습니다. 자격증의 종류에 대한 아래의 내용을 보고, 본인에게 필요한 자격증에 집중하길 바랍니다.

• GTQ (Graphic Technology Qualification)

한국생산성본부에서 주관하는 디자인 관련 자격증으로 포토샵, 일러스트레이터, 인디자인에 관한 자격증 시험을 볼 수 있습니다. 자격증은 난이도에 따라 1급, 2급, 3급이 있으며 숫자가 작아질수록 높은 난도에 속합니다. 1, 2급은 국가 공인 자격증으로 인정됩니다. GTQ는 국내에서 인정되는 자격증이에요. 필기는 없이 1, 2급 기준으로 90분 동안 예시와 같은 이미지를 툴을 사용하여 만드는 실기시험의 형식을 가집니다.

• ACP(Adobe Certified Professional)

어도비에서 진행하는 자격증이며, 자격증의 종류는 포토샵, 일러스트레이터, 인디자인, 프리미어 프로, 에프터 이펙트, 애니메이트, 드림위버로 구성되어 있습니다. 우리나라에서는 포토샵, 일러스트레이터, 인디자인, 프리미어 프로를 주로 응시할 수 있어요. 국제에서 인정되는 자격증으로 해외 취업을 목표로 하고 있다면 도전해 보는 것이 좋습니다. 필기 13문제, 실기 18문제를 50분동안 풀어야 합니다. 실기 시험 시에는 단축키를 사용할 수 없어 단축키 없이 도구를 선택하는 것도 익히는 것이 좋습니다.

• 컬러리스트

컬러리스트 자격증은 한국산업인력공단이 주관하는 자격증이며, 컬러리스트 산업기사 또는 기사로 나뉩니다. 컬러리스트 기사는 산업기사보다 높은 숙련 기능과 전문 이론 지식이 요구됩니다. 컬러리스트 자격증은 조건이 주어져 있습니다. 이러한 자격 조건 때문에 비전공자 디자이너들이 컬러리스트 자격증을 따기 위해 학점은행에서 관련 학과 수업을 이수하는 경우가 대부분입니다. 시험은 필기시험과 실기시험이 있으며, 필기 2시간 30분, 실기 5시간의 많은 시간이 들어갑니다. 2017년부터는 국가직무 능력표준에 기반하여 일정 조건을 충족하는 교육 및 훈련 과정을 충실히 이수한 사람에게 평가를 거쳐 자격을 부여하는 과정 평가형 자격제도가 생겼습니다. 컬러리스트 자격증은 색채와 관련된 현장과 다양한 분야에서 활동할 수 있습니다.

• 컴퓨터 그래픽 운용 기능사

한국산업인력공단이 주관하는 자격증입니다. 포토샵, 일러스트레이터, 인디자인을 동시에 볼 수 있는 시험입니다. 60분의 필기시험과 약 4시간 걸리는 실기시험으로 이루어져 있습니다. 다양한 분야에서 인정받고 있고, 우대사항이 있을 수 있습니다.

• 웹디자인 기능사

한국산업인력공단이 주관하는 자격증입니다. 포토샵, HTML, CSS, JAVA Script와 같은 지식을 요구합니다. 60분의 필기시험과 약 4시간 걸리는 실기시험으로 이루어져 있습니다. 다양한 분야에서 인정받고 있고, 우대사항이 있을 수 있습니다.

비전공자, 나를 증명해야 한다는 숙명

포트폴리오,
어떻게
만들어야 하지?

●●●●

어느 정도 툴 기술을 배웠다면 마지막 취업반에서는 포트폴리오를 만드는 작업을 합니다. 포트폴리오(Portfolio)는 서류철이라는 뜻으로 지금까지 열심히 만든 작업물들을 모아놓은 일종의 작품집입니다. 지금까지 열심히 작업했던 것들을 모아 내가 이런 디자인을 할 줄 안다고 정리해 놓은 서류철이죠. 포트폴리오 또한 작품을 재편집하여 모아둔 것이기 때문에 그 자체로 디자인이 됩니다. 처음 포트폴리오를 만들 때 기획보다는 당시 유행하는 포트폴리오 스타일을 찾기에 급급했습니다. 그러다 보니 내 이야기는 없고 마치 공장에서 찍어낸 듯한 양산형 포트폴리오가 되고 말았죠. 만드는 입장에서는 '예쁘게만 만들면 되지!'라는 생각을 할 수 있습니다. 하지만 포트폴리오를 보는 사람들은 하루에도 몇십 개에서 몇백 개의 포트폴리오를 봅니다. 하나하나 정성스럽게 볼 시간이 없겠지요. 심지어 어떤 분은 표지, 목차만 읽고 창을 닫는 경우도 보았습니다. 실력 있는 수많은 경쟁자 사이에서 살아남기 위해서는 나만의 차별점과 디자인 실력, 그리고 가이드라인을 잘 지키는 것이 중요합니다.

첫 회사에서 디자이너로 일하면서 4번 선임이 바뀌었고, 의도치 않은 기회로 신입 시절 사수의 포트폴리오를 볼 수 있었습니다. 저보다 경력이 많은 선임들의 포트폴리오를 보면서 어떠한 포트폴리오가 좋은 것인지 가려내는 기준도 생기게 되었죠. 본인보다 경력이 많은 전공자들의 포트폴리오를 보고, 피드백을 받는 일이 흔한 경험은 아니었습니다. 그때 포트폴리오 구성과 기획, 그리고 어떤 작업물을 넣었는가에 따라 평가가 달라지는 것을 느꼈습니다.

1. '나의 디자인' 정의하기

나만의 포트폴리오를 만들기 위해서는 시각적인 차별화도 중요하지만, 그 근본에는 나만의 디자인 이야기를 담는 것이 가장 중요합니다. 평소 디자인에 대한 나의 생각들을 디자인에 어떻게 녹여내는지 시각적으로 보여주는 것이 포트폴리오입니다. 디자이너의 길을 결심하고 시작한 비전공자이지만 이 과정에 대해 생각해 본 적이 거의 없을 것입니다. 대부분 학원이나 독학으로 툴을 배우고 취업을 향해서 나아갔을 것입니다. 기획부터 체계적으로 배우는 곳이 아니라면, 아마 작업물 만들기에 시간과 열정을 쏟았을 것입니다. 물론 이 과정이 나쁘거나 필요 없는 부분은 아닙니다. 하지만, 디자인에 대한 나만의 정리가 없다면 어떻게 취업한다고 해도 많은 혼란과 어려움을 겪을 수 있습니다.

비전공자가 더욱 나만의 디자인에 대한 정의를 생각해야 하는 이유는 일종의 퍼스널 브랜딩이기 때문입니다. 같은 물건, 같은 가격을 팔더라도 사람들은 가치와 차별화된 컨셉이 담긴 물건을 더 선호하는 편이죠. 디자이너도 마찬가지입니다. 나를 어필할 수 있는 차별점, 전공자들과 다른 나만의 강점을 내세워 왜 내가 선택되어야 하는지 스스로 포장해야 합니다.

나의 디자인에 대한 정의를 내리기 전에 디자인 어원에 대해 먼저 이야기 해 보겠습니다. 왜냐면 우리는 '나'의 디자인을 이야기할 예정이지, 나'만'의 디자인 을 이야기하려는 것이 아니기 때문입니다. 디자인(Design)은 완전히(de)와 표시 (sign)의 합성어이며, '설계하다, 도안하다'의 뜻을 가지고 있습니다. 일종의 작업 과정으로 문제상황에서 문제를 해결하기 위해 그 방안을 설계하고 도안하는 것이 죠. 디자인을 일련의 과정으로 인식하는 사람과 결과로 인식하는 사람과의 차이 는 큽니다. 과정으로 인식하는 사람은 그 과정에서 디자인의 의미를 찾지만, 결과 물에만 집중하는 사람은 결과물 안에서만 디자인의 의미를 찾게 됩니다. 즉, 디자 인 정의에 대한 차이가 생기는 것이죠. 많은 디자이너가 예쁜 디자인이 좋은 디자 인은 아니라고 말합니다. 디자인의 본질인 문제해결 역할을 수행하는 디자인이 좋은 디자인이라고 말하죠. 디자인에 대한 근본적인 정의와 나의 디자인 생각이 결합하였을 때 논리적인 디자인 소통이 가능해집니다.

디자인에 대한 정의가 정립되었다면 이제 '나'의 디자인을 이야기할 차례입니 다. 디자인 업계에서 우리는 비전공자이지만, 각자 전문적으로 공부한 분야들이 있습니다. 비전공자에게 '나'의 디자인 이야기가 조금 더 유리한 이유는 이 점에 있 습니다. 자신의 전공 또는 장점, 경험들과 연관시켜 디자인을 정의하면 더 풍부한 설계를 할 수 있습니다. '디자인을 왜 하게 되었는지', '나에게 다른 장점이 어떤 것 이 있는지', '디자인에 대한 내 생각이 어떤지' 구구절절 설명하기보다 컨셉, 디자 인 이야기로 보여줄 수 있습니다. 인문학 전공인 저의 디자인 이야기를 어떻게 설 계했을까요?

〈문제를 해결하고, 소통하는 디자이너〉

저의 디자인 정의는 다음과 같습니다.

'소통의 매개체인 미학적인 문제해결'

디자인은 근본적으로 문제를 해결하지만, 미학적이어야 하고,

또한 의미 없는 소모품이 아닌 의미를 이어주는 소통의 매개체로서

역할을 해야 한다고 생각했기 때문입니다.

아름답기만 해서도, 문제만 해결해서도 안됩니다.

그렇기 때문에 목적 없이 소비되는 것보다

더 나은 상황, 환경, 일상, 생각의 목적을 담는 것이

저의 디자인 정의입니다.

'소통의 매개체'는 인문학적인 저의 정체성을 나타내는

디자인 정의입니다.

인문학은 '사람'에 대한 학문입니다.

사람들은 문자가 있기 이전 이미 '그림(이미지)'이라는

시각적 형태를 통해 소통을 해왔습니다.

언어가 달라도 우리는 이미지로 소통할 수 있습니다.

가장 대표적인 디자인으로 '픽토그램'을 설명할 수 있죠.

전 세계 사람들이 즐기는 축제인 올림픽에서

하나의 언어처럼 픽토그램이

각각의 종목을 설명하고 있습니다.

이처럼 이미지가 주는 메시지는 문자보다 강력합니다.

저는 디자인을 통해 소비자들과 소통하고 싶습니다.

비전공자, 나를 증명해야 한다는 마음 하나

디자인에 대한 보편적인 정의(문제해결)와 정체성이 담긴 정의(소통의 매개체)가 잘 드러나도록 제가 생각하는 디자인 정의를 설계해 보았습니다. 그리고 이후 포트폴리오에 들어가는 작업물에서는 문제 제시, 해결을 위한 디자인 설계, 전하고자 하는 메시지를 함께 담았습니다. 디자인 전공은 아니지만 다양한 활동과 프리랜서 활동을 통해 이미 디자인 경험을 어느 정도 쌓았다면 '경험을 자산으로 하는 디자이너'라는 타이틀과 함께 자신이 생각하는 디자이너, 그리고 좋은 디자인을 끌어내는 과정에서 경험이 얼마나 중요하게 작용하는지 서술하면 좋겠죠. 디자인이 뒷받침 된다면 비전공이라는 타이틀이 오히려 장점이 됩니다. 실제로 저는 광고 에이전시 면접 때 '인문 학생'이라는 이유로 합격했습니다. 제가 글을 많이 써보고, 문학적 견해가 있어 현재 진행하고 있는 프로젝트에 필요한 사람이라고 판단했기 때문입니다

2. 알맹이가 있어야 포장을 할 수 있다

앞에서 나의 디자인에 관한 이야기를 논리적이고 멋있게 설명했지만, 정작 디자인을 볼 수 없다면 아무도 그 포트폴리오를 보지 않을 것입니다. 그렇기 때문에 디자인 취업 준비생 또는 현업 디자이너라면 평소 작업물을 모아두는 것이 좋습니다. 작업물은 이전에 이야기했던 공모전, 또는 개인 작업, 프로젝트 등을 통해서 틈틈이 작업해 놓아야 급하게 만들 일이 생기지 않습니다. 작업물을 만들 때 포트폴리오에 들어갈 것을 생각한다면 내가 지원하고자 하는 분야, 평소 관심 있던 주제와 같이 '나'를 보여줄 수 있는 프로젝트를 진행하는 것이 좋습니다.

작업물에 대한 이야기도 같이 메모하는 습관이 필요합니다. 왜냐하면 포트폴리오에서 작업물을 보여줄 때 이미지로만 보여주기에는 부족한 부분이 있습니다.

시각적으로 아름다운 것이 디자인에서 중요한 것이지만, 이것이 전부는 아닙니다. 좋은 레스토랑에 가면 항상 메뉴에 대한 설명과 먹는 법, 즐기는 법을 설명해 줍니다. 그냥 먹어도 맛있지만, 가이드라인을 제시해 주면 더 맛있고 풍성하게 즐길 수 있습니다. 디자인도 마찬가지입니다. 시각적인 이미지와 함께 그 속에 담겨 있는 의미와 이야기가 제공된다면 디자인은 더 빛날 것입니다. 이때 이 설명들이 앞서 말한 나의 디자인 정의와 흐름을 같이 한다면 더욱 좋겠죠!

종종 포트폴리오의 분량을 채우기 위해 이전에 했던 모든 작업물을 중구난방으로 넣는 경우가 있습니다. 이런 경우 두 가지 문제가 생깁니다. 첫 번째는, 내 디자인 실력이 최하의 퀄리티에 맞춰진다는 것입니다. 만약 페이지 수를 채우기 위해 작업물을 넣게 되면 최상의 작업물들뿐만 아니라 만족하지 않았던 작업물들도 추가하게 됩니다. 이 포트폴리오를 본 면접관은 '만족하지 않은 작업물'이 여러분의 진정한 실력이라고 판단합니다. 누군가에게 선물하기 위해 좋은 과일바구니를 샀을 때 하나의 과일이 썩어있다면 그건 최상품이라고 할 수 없습니다. 면접관은 각각의 작업물이 아닌 포트폴리오 전체를 판단하기 때문에 만족하지 않거나 기준에 미치지 못하는 작업물은 빼는 것이 좋습니다. 두 번째는 포트폴리오의 목적을 잃어버리는 경우입니다. 지원하고자 하는 직군은 모션 그래픽 디자인인데 모션 그래픽 작업보다 포스터, 책 커버, 아트웍과 같은 디자인 작업물이 많다면 모션 그래픽 디자이너로 채용될 확률은 거의 없습니다. 아무리 작업물들이 최상의 품질이라고 하더라도 그 직군에서 요구하는 능력과 맞지 않는다면 쓸모없는 것이 됩니다. 그러므로 지원하고자 하는 직군과 회사의 성격에 맞는 작업물들을 넣어야 합니다.

3. 최상의 내용과 최악의 패키지

최상의 작업물들만 모았다면 이제 포장하는 일이 남았습니다. 아무리 내용물이 중요하다고 하지만, 같은 내용이라면 좋은 포장이 되어 있는 내용물이 더 돋보이지 않을까요? 포트폴리오도 마찬가지입니다. 포트폴리오의 레이아웃, 색감, 폰트 등 모든 구성 또한 디자인 실력입니다. 구성은 나만의 디자인 이야기, 작업물 스타일과 어울리는 컨셉이 좋습니다. 좋은 포장지는 화려하고 멋있는 포장지를 말하는 것이 아닙니다. 브랜드 제품을 선물할 때 포장지를 따로 사 와서 포장하는 사람은 없습니다. 해당 브랜드가 쇼핑백이나 포장을 제공하는 이유는 패키지는 제품보다 먼저 보여지는 디자인이기 때문에 브랜드와 어울리는 디자인이 되어야 합니다. 그만큼 중요한 역할을 하는 것이죠. 간혹, 포트폴리오의 컨셉이 너무 강해서 내용물이 잘 보이지 않는 경우들도 있습니다. 즉, 컨셉에 잡아 먹혀서 중요한 것을 놓친 케이스입니다. 포트폴리오는 오히려 과도하게 힘을 주기보다는 '기본'적인 디자인 요소들만 지켜주면 됩니다.

1 ㅣ 레이아웃

포트폴리오를 구성할 때 레이아웃(배치)에 유의해야 합니다. 먼저 적당한 여백을 주어야 합니다. 그리고 이 여백이 동일하게 적용되어야 하죠. 포트폴리오를 PDF로 제출했을 때, 스크롤 방식이 아니라면 한 장, 한 장 넘기면서 보게 됩니다. 이때 여백의 기준이 들쑥날쑥하다면 넘길 때마다 시선이 분산되어 작업물에 집중하지 못하게 됩니다. 포트폴리오 작업을 할 때 인디자인을 사용하는 이유가 이곳에 있기도 하죠. 동일한 위치에 페이지 또는 제목을 넣고 관리하기 쉽기 때문에 일러스트레이터나 포토샵보다 인디자인을 선호하는 편입니다. 요즘은 웹사이트나 노션과 같은 플랫폼을 이용하여 포트폴리오를 만들기도 합니다. 이때도 역시 레이아웃은 중요합니다.

작업물을 소개할 때 프로젝트마다 같은 레이아웃을 사용한다면 단조롭게 됩니다. 이러한 포트폴리오를 보면 스크롤을 내리는 속도는 점점 빨라지고 결국 포트폴리오 창이 닫히게 됩니다. 프로젝트 안에서도 디테일이 중요한 부분, 전체 이미지 컷이 중요한 부분, 디자인 요소들을 설명하는 부분에서 다양한 배치를 사용하는 것이 좋습니다. 이때 단조로움을 피하고자 모든 페이지마다 다른 디자인을 선택한다면 전체적인 통일성이 사라지고 산만하게 되죠. 간지, 프로젝트 소개, 아이콘 등 포트폴리오 전반에 기획된 디자인은 통일하는 것이 좋습니다.

2 | 가독성

'가독성'이 좋지 않으면 면접관은 읽는 데 불편함을 느껴 곧 흥미를 잃게 됩니다. 아무리 좋은 내용이라고 해도 글이 읽히지 않도록 설계하면 그 내용은 받아들여지지 않습니다. 서체, 사이즈, 읽는 방향, 색상을 고려해야 합니다. 먼저 인쇄할 때와 웹에서 볼 때 폰트의 차이는 크게 납니다. 인쇄 시 가독성이 좋은 폰트는 9~12pt이지만 웹, 모바일에서는 14~16pt 사이즈를 선호합니다. 제목과 본문에서도 사이즈의 차이가 생깁니다. 제목은 본문보다 크고 굵은 것을 선호합니다. 본문 내용이 너무 가늘거나 굵은 폰트는 눈에 피로감을 줍니다. 또한 손글씨체(캘리그라피)보다 명조(세리프) 또는 고딕(산세리프)체를 선택하는 것이 좋습니다. 명조, 고딕체를 사용하더라도 세 가지 이상의 폰트를 섞어 쓰는 것은 피합니다. 폰트의 변화에 초점이 맞춰져 글의 내용이 들어오지 않기 때문입니다. 또한 배경색과 비슷한 계열의 색을 사용하여 가독성을 해치는 일이 있다면 배경과 겹치는 부분만 다른 색을 사용하거나 배경 박스를 이용하는 등 유사한 색상으로 인해 가독성이 떨어지는 것을 방지해야 합니다.

3 | 가시성

'가독성'은 읽기 좋은 것을 뜻한다면 '가시성'은 시각적으로 보기에 안정된 상태를 말합니다. 간혹 화질이 깨진 이미지를 올리거나, 이미지를 너무 작게 배치하여 보이지 않는 경우도 있습니다. 앞서 말했듯이 결과물이 아무리 좋아도 잘 보이지 않으면 아무런 의미가 없습니다. 또한, 이러한 사소한 문제는 디자이너의 기본이기 때문에 지켜주는 것이 좋습니다. 컨셉이 너무 강해서 내용물이 보이지 않는 경우도 가시성에 문제가 있습니다. 주인공보다 배경이 더 강하면 주인공이 보이지 않기 때문이죠.

4. 트렌드는 유행이 아니다

포트폴리오를 참고하기 위해 사이트에서 포트폴리오를 보게 되면 어딘가 묘하게 모두 비슷해 보일 때가 많습니다. 혹은, 작업물의 스타일들이 비슷해 보일 때도 있습니다. 물론, 디자인은 트렌드에 민감해야 하고, 그 트렌드를 익히는 것이 중요하죠. 하지만 너무 트렌드만 쫓다 보면 개성 없는 양산형 포트폴리오가 나오게 됩니다. 트렌드는 그 분야에서 요즘 가장 많이 사용하는 기법이 담긴 작업물 또는 이슈가 되는 작업물 1~2개 정도 넣어주는 것으로 마무리하는 것이 좋습니다.

여기서 트렌드는 단순히 스타일, 유행을 의미하는 것이 아닙니다. 디자인에서 트렌드는 사람들의 삶의 변화를 나타내는 흐름입니다. 예를 들어 3D, 메타버스, 지속가능성, 레트로와 같은 디자인 트렌드를 보고, '아 이런 스타일이 유행이구나'라고 끝난다면 스타일만 이해한 것입니다. 그 속의 사람들의 삶의 흐름을 읽고 디자인에 반영하는 것이 좋습니다. 왜 메타버스가 트렌드가 되었을까? 왜 지속가능한 디자인이 트렌드가 되었을까? 이 질문에 대한 답을 작업물에 넣는다면 좋은 메시지를 함께 가져갈 수 있습니다.

작업물에 스토리를 붙이는 법, 또는 레이아웃 등 막히는 부분이 있다면 노트폴리오, 비핸스를 참고하는 편이 좋습니다. 참고는 참고일 뿐이니, 그대로 디자인을 가져와서는 안 됩니다. 포트폴리오는 보통 1년 주기로 업데이트하는 것이 좋습니다. 취업 후에도 언제 어떤 일이 생길지는 모르는 일이기 때문이죠. 포트폴리오를 제출하기 전에 아래의 목록을 체크해 보세요.

☐ 나만의 디자인을 정의해 봤는가?

☐ 최상의 작업물만 선별했는가?

☐ 지원 분야의 관련 없는 작업물이 있는가?

☐ 작업물에 스토리(내용)가 있는가?

☐ 통일성과 변형이 적절히 이루어졌는가?

☐ 가독성이 있는가?

☐ 오타 및 맞춤법 점검을 했는가?

☐ 파일명, 용량, 형식이 지원 요건에 맞게 설정되었는가?

비전공자, 나를 증명해야 한다는 숙명

포트폴리오 구성
Tip

· 표지

표지는 첫인상입니다. 앞서 정리한 '나의 디자인'을 보여줄 수 있는 이미지,
컬러를 사용하여 디자인합니다. 제목에서도 Portfolio라고 한 문장만 쓰기
보다 자신을 나타내는 문장을 함께 넣어주는 것이 좋습니다.

· 자기소개서/이력서

나의 디자인과 나를 설명하는 페이지이며, 1~2p가 적당합니다.

· 목차

포트폴리오에 들어갈 프로젝트들을 디자인 유형, 즉 브랜딩, 편집 디자인,
캐릭터 디자인, 아트웍 등으로 분류하여 목차를 만듭니다. 목차는 지원하는
회사의 성격에 따라 배치를 달리해주는 것이 좋습니다.

· 간지

간지는 목차가 넘어가기 전 환기를 시켜주는 페이지입니다. 간지 페이지의
레이아웃을 통일성을 주어야 합니다.

• 프로젝트

각 프로젝트를 소개할 때 이미지만 보여주는 것보다, 프로젝트의 동기, 디자인 과정을 함께 소개하는 것을 추천합니다. 전반적인 디자인 과정을 어떻게 이해하고 참여했는지 보여줄 수 있기 때문입니다. 디자인 시안이 나오기 전에 스케치, 무드보드를 작게 넣어주는 것도 좋습니다. 프로젝트를 소개하는 페이지는 디자인 시안과 함께 목업(Mockup)을 사용하여 실제 적용 이미지를 보여줍니다. 이때 다양한 레이아웃을 적용하여 보는 사람이 지루하지 않게 구성합니다.

• 마무리

포트폴리오 구성이 끝나는 부분에 한 페이지 분량으로 다시 자신을 나타내는 문장과 디자인으로 마무리합니다.

• 업로드

포트폴리오를 제작한 후에는 비헨스나 노트폴리오와 같은 플랫폼에 함께 업로드합니다. 파일을 열람할 수 없다면 열람할 수 있도록 준비해야 합니다. 포트폴리오를 보내기 전에 파일명과 형식, 오타가 있는지 한 번 더 확인해 주세요!

인하우스?
에이전시?

●●●

이제 포트폴리오도 완성이 되었고, 험난한 취업의 길만 남았습니다. 비전공자로 자신감도 없고, 과연 내가 이 실력자들 사이에서 취업할 수 있을지에 대한 불안감만 커집니다. 저 역시 불안감과 초조함으로 취업 준비 기간을 보냈습니다. 일단 부딪히면서 디자인 일을 배워보자는 생각으로 지원할 수 있는 곳은 대부분 지원했습니다. 생각보다 연락이 많이 왔습니다. 이러한 상황이라면 어떤 회사가 나에게 맞는지, 장단점을 꼼꼼히 따져봐야 합니다. 그러면 저처럼 입사 후 일주일 만에 후회하는 일이 생기지 않을 것입니다. 회사를 고르는 기준은 개인마다 다릅니다. 복지가 중요한 사람, 성장이 중요한 사람, 거리가 중요한 사람, 인맥이 중요한 사람. 이 기준에 따라 자신에게 맞는 회사를 찾는 것이 중요합니다.

디자인 세계에서는 크게 두 가지 유형의 회사가 있습니다(이 외에도 다양한 형태가 있지만 취업을 준비하는 상태라면 크게 두 가지를 고민하게 됩니다). '인하우스' 혹은 '에이전시'. 인하우스(In-house)는 외주 인력이 아닌 내부 구성원들이 진행하는 것을 뜻합니다. 에이전시(Agency)는 대리권·대리 업무라는 뜻으로, 다른 기업의 일을 대행하여 진행하는 것을 의미합니다. 인하우스와 에이전시는 성격이 달라 장단점도 분명하게 존재합니다.

인하우스의 장점은 총체적 경험과 소통에 초점을 맞출 수 있습니다. 내부에서 진행되는 디자인을 모두 경험하고 디자인 작업뿐만 아니라 관리, 감독을 해야 하므로 디자인을 보는 전체적인 시각을 키울 수 있습니다. 규모가 큰 경우는 디자인 기획 단계를 거쳐 대행사에 디자인 작업을 의뢰합니다. 하나의 프로젝트를 진행하기 위해 내부의 다른 팀과 소통하고 회의 단계를 거치면서 디자인 일정을 조율하기도 하죠. 이러한 과정에서 다양한 분야의 사람들과 소통할 기회도 있고, 디자인 외적으로 더 넓은 시각을 가질 수 있다는 장점이 있습니다. 에이전시보다 안정적이고 비교적 높은 초봉을 받을 수 있는 점 또한 선택의 이유가 되기도 합니다. 반면, 내부에서 이뤄지는 프로젝트에만 참여하다 보니 다양한 디자인에 도전하지 못한다는 한계도 존재합니다. 패턴처럼 반복되는 디자인 업무로 다소 따분하다고 느끼는 사람들도 있습니다.

에이전시의 장점은 다양성과 성장입니다. 에이전시는 다른 기업의 디자인 프로젝트를 받아 진행하는 곳입니다. 그렇기 때문에 하나의 디자인 작업이 아니라 다양한 기업의 디자인 작업을 할 수 있고, 큰 규모의 프로젝트들을 진행할 수 있습니다. 프로젝트를 진행하는 업무를 주로 하다 보니 참여하는 프로젝트가 자연스럽게 자신의 자산이 됩니다. 그래서 보통은 신입 디자이너라면 성장과 스펙을 쌓을 수 있는 에이전시에 입사한 후 안정된 인하우스로 이직하는 것을 추천하기도 합니다. 다만, 외부 업체에서 프로젝트를 가져와야 하므로 안정적이지 않고 클라이언트에 따라 업무 강도가 달라진다는 단점이 있습니다. 한 가지에 깊게 파는 것보다 빠르고, 요구에 대응하는 디자인을 할 경우가 많아 전문적인 스킬에 한계를 느끼기도 합니다.

인하우스와 에이전시의 특징들을 보면서 자신에게 맞는 것을 선택하는 것이 중요합니다. "에이전시에서 다양한 디자인을 작업하며 성장할거야."라는 사람도 있고, "인하우스를 다니면서 퇴근하고 내 공부를 할 거야."라는 사람들도 있습니다. 저는 에이전시와 인하우스를 고민하다가 인하우스를 선택했습니다. 실력이 느는 것도 중요하지만, 너무 지치지 않는 것도 중요했기 때문입니다. 살아남기에는 정답이 있는 것이 아니니, 자신이 원하는 길을 선택하길 바랍니다.

면접은
회사와 나의
탐색전이다

　자기소개, 포트폴리오를 만들고 지향하는 회사도 정했다면 이력서를 넣고 기다립니다. 서류 전형을 통과한 후에는 더 큰 산이 기다리고 있습니다. 바로 '면접'입니다. 흔히 면접은 평가받는 자리라고 생각합니다. 물론, 맞는 말이지만 내가 회사를 알아볼 기회이기도 합니다. 일종의 소개팅과 같죠. 서로 프로필을 주고받고 가볍게 이야기합니다. 톡을 몇 번 주고받으니 뭔가 맞는 부분이 생깁니다. 이제 얼굴을 보고 만날 날짜를 정합니다. 만나서 이런저런 이야기를 해봅니다. 문자로는 하지 못했던 이야기들, 과거, 현재, 미래에 대한 이야기들이 오고 갑니다. 괜찮다 싶으면 애프터 신청을 하죠. 면접도 같습니다. 기업은 나에게 관심이 생겼고 직접 보고 이야기하는 면접 자리를 제안한 것입니다. 이렇게 생각하면 갑과 을의 프레임에서 벗어나 조금 더 객관적이고 가벼운 마음으로 면접에 임할 수 있습니다.

　실제로 면접장에 가면 면접관들뿐만 아니라 면접자도 현장 분위기를 느낄 수 있습니다. 공고 상세페이지에는 한없이 다정하고 친절한 회사의 이미지였는데,

현장에서는 살얼음판 걷듯이 살벌한 곳도 있었습니다. 누군가는 열심히 준비했을 면접인데 질문에 대답하고 있는 동안 핸드폰을 하는 면접관도 보았습니다. 반면, 질문 하나하나에 일에 대한 열정과 함께 직원에 대한 애정이 묻어나오는 회사도 있었습니다.

면접 때 "디자인을 어떻게 시작했나요?"라는 질문을 가장 많이 받았습니다. 회사 입장에서는 디자인 업무를 해야 하는 당사자가 디자인 업무를 할 수 있는지, 디자인에 대해 어느 정도 알고 있는지, 어느 정도 애정을 가졌는지 물어보는 것이 당연합니다. 이때 '그냥'이나 '디자인하는 것을 좋아해서요.'라는 모호한 대답은 피하는 것이 좋습니다. 이러한 질문에 꺼낼 수 있는 비장의 카드는 바로 앞서 말한 '나의 디자인'입니다. 평소 관심 있던 것과 나의 장점, 그리고 디자인에 대한 시각을 한 번에 어필할 좋은 기회죠!

디자인 작업 과정에 대한 물음 또한 면접 시 주요 질문이 됩니다. 포트폴리오에는 제작 기간, 프로젝트 참여도, 사용한 프로그램, 디자인 결과를 담지만, 그 과정에서의 오류, 어려웠던 점, 극복한 사항들은 파악할 수 없습니다. 그렇기 때문에 면접에서 디자인 작업 과정에서의 느꼈던 것들을 질문합니다. 보통 실수나 실패를 이야기하면 부정적으로 보일까 봐 말하지 못하는 경우가 있습니다. 면접관 입장에서 생각해봤을 때, 다 잘한다고 말하는 사람보다 어떠한 점이 부족했는지 아는 사람을 더 신뢰하게 됩니다. 사람이 한 단계 더 나아갈 수 있는 시작은 '문제를 아는 것'에서 출발하기 때문이죠. 자신의 부족한 점을 알고 이를 어떻게 개선해야 할지 이후 해결 방안에 대해 피드백했다면 면접관은 충분한 가능성을 느꼈을 것입니다. 평소 디자인 작업을 하면서 일지처럼 디자인 작업 과정을 정리하는 것도 이후 많은 도움이 됩니다.

면접관들은 나에 대한 이런저런 질문을 하고 마지막에 물어봅니다. "궁금한 거 있나요?." 이때 물어보면 좋은 몇 가지 질문들이 있습니다. 회사 프로젝트, 복지와 같은 정보는 홈페이지나 구인 공고 상세페이지를 통해 정보를 얻을 수 있습니다. 같이 일하는 동료의 수, 맞선임의 여부, 입사하게 되면 주로 진행하게 되는 업무는 무엇인지, 홈페이지나 상세페이지에서는 얻을 수 없는 질문을 하는 것이 좋습니다. 아무것도 몰랐던 저는 신입 사원이 되고 일주일 만에 디자인팀에 홀로 남게 되었습니다. 어리고 사회 경험이 없을수록 이러한 질문은 꺼내는 것이 두려운 사람들도 있습니다. 면접은 내가 회사를 알아가는 권리이기 때문에 경험하고 요구해야 합니다.

디자이너 면접
Tip

• 이력서 꼭 숙지하기

이력서는 자신의 이야기입니다. 자신의 이야기를 자신이 모르면 면접관은 그 사람을 신뢰하지 못하죠. 면접을 보기 전 자신이 어떤 이야기를 썼는지 꼭 확인해 보세요. 면접관에게 주어진 단서는 이력서뿐이기 때문에 이력서 내에서 많은 질문들이 오갑니다. 반드시 자신의 이야기를 숙지해 주세요.

• 회사 파악하고 가기

회사마다 추구하는 바와 분위기가 다릅니다. 서류를 넣기 전에 미리 회사를 파악하겠지만 한 번 더 알아보고 가는 것이 좋습니다. 회사에 대한 정보를 미리 알고 가면 면접 당시 회사에 지원한 이유, 회사에서 어떤 포지션에서 어떻게 일할지 알 수 있습니다.

• 포트폴리오 준비해 가기

1:1 면접이나 3:1 면접을 할 경우 포트폴리오를 준비해 가면 좋습니다. 면접관들이 이미 여러분의 포트폴리오를 인쇄하거나 기기에 담아올 겁니다. 하지만 만약의 상황에 대비하여 패드에 파일을 담거나 인쇄해서 가지고 다니는 것이 좋습니다. 이러한 태도는 면접관에게 신중한 이미지를 주어 좋은 효과를 얻을 수 있습니다. 그리고 포트폴리오에 관한 질문에 답변 할 때 자

신의 자료를 가지고 이야기하면 발표자에게 더 집중할 수 있습니다.

· 궁금한 것은 반드시 질문하기

면접이 처음이면 당황하거나 긴장하여 원하는 것을 질문하지 못하는 경우가 있습니다. 면접 마무리 단계에서 원하는 것을 물어볼 필요가 있습니다. 특히 사수의 유무, 주로 하는 업무 프로세스 등 신입으로 일할 때 필요한 부분들을 질문하고 답을 들어야 합니다. 단, 질문 시 너무 개인적이거나 무례한 질문은 자제해야겠죠.

신입 비전공자
디자이너

●●●●

비전공자 디자이너가 되기 위해 포트폴리오도 만들고, 이곳저곳 면접도 보러 다니며 첫 취업에 성공했습니다. 드디어 현장에서 프로젝트를 진행하고 디자인을 실무에서 배울 수 있다는 기대감에 첫 출근길에 올랐습니다. 하지만, 이 설렘은 반나절 만에 사라져 버렸죠. 생각했던 것보다 잡무가 많았고, 일방적인 디자인 기획, 피드백이 난무했습니다. 이러한 환경에서 계획했던 것들, 기대했던 것들이 이뤄지지 않아 방황하는 시간이 많아졌습니다. 결국 저는 성장은 꿈도 꾸지 못하고 제 몸 하나 겨우겨우 살아남기 위해 아등바등 버텼습니다. 그렇게 하루하루 지나고, 어느 순간 저만 제자리에 있는 것을 알았습니다. 제자리에 있다고 해서 멈춰있는 것도 아니었습니다. 마치, 실내용 자전거를 탄 것처럼 온 힘을 다해 페달을 밟고 있지만, 결국 한 발짝도 앞으로 나가지 못하는 현실에 놓여있었죠. 어떠한 변화도 없지만, 힘만 계속 빠지는 시간을 보내다 보면 이런 생각이 듭니다.

'나 과연 여기서 살아남을 수 있을까?'

1

비전공자,
그 이름의 무게를
견뎌라

모든 이름에는 그에 따른 책임이 존재하죠. 비전공자라는 타이틀도 그 무게가 존재합니다. 비전공자, '전공자가 아닌 사람. 또는 어느 한 분야를 전문적으로 연구하지 않는 사람'을 의미합니다. 저는 '비(非) 전공자'를 '비(be)전공자'라고 해석합니다. 그 분야의 전문가는 아니지만, 그 분야에 관해 관심을 두고 공부하고 있는 사람들에게 주어지는 수식어입니다. 이는 어떠한 분야에 새롭게 도전하고, 전공자가 되어가는 사람들을 의미합니다. 누군가에게는 전문가가 아닌 '비(非)전공자'에 머물러 부정적인 짐이 될 수도 있고, 누군가에게는 비록 전공자는 아니지만 노력의 결실을 본 '비(be)전공자'라는 긍정적인 미래가 될 수 있습니다. 어떤 비전공자가 될 것인지는 본인에게 달려있습니다. 여러분은 어떤 비전공자가 되고 싶나요? 새로운 분야에서 도전하는 자세를 유지하며, 꾸준히 노력하고 향상해 나가는, 끊임없이 발전하는 비(be)전공자가 되어보세요.

EPISODE 4

샤수 없는
신입 디자이너

응삼님, 제가 다음주에
퇴사를 하게 돼서
인수인계 해드릴게요.

넵

네?!!!!

입사
7일차

입사 일주일만에
샤수 없는
비전공자 신입 디자이너가
되었습니다...

타 팀장님들 싸움에 등 터지고

스케줄은 꼬이고

살려줘...

하 하 하

그래서 저는 살아남기 위해
계획을 세웠습니다.

친절한 미소와 함께, 종이 한 장으로 해결했습니다.
이응삼이의 위대한(?) 계획은
'사수없는 신입이 살아남는 법'에서 확인해보세요!

회사는
학교가
아니더라

6개월의 취업 과정을 마친 후, 한 달 만에 취업에 성공했습니다. 남들은 2~3개월 정도 시간을 가진다고 하는데, 저는 그럴 여유가 없었습니다. 사회적 통념상 신입이라고 하기에는 조금 늦은 나이였고, 하루라도 빨리 현장에서 배워보고 싶다는 생각이 컸습니다. 성급하게 결정한 것이 결국 탈이 나고 말았습니다. 하나라도 배워보겠다고 입사했지만, 회사는 학교가 아니었습니다. 하나하나 친절하게 가르쳐줄 여유도, 학습하도록 기다려 줄 인내심도 없는 곳입니다. 누군가를 가르치고 도와준다는 것 또한 업무의 일종이기 때문입니다. 물론 어깨너머로 배울 수 있는 것은 많았습니다. 때로는 직접 몸으로 부딪치고, 경험하면서 알아가야 하는 일도 많았습니다. 세상에 쓸데없는 경험은 없다는 옛말처럼 모두 피가 되고 살이 되는 경험들이었습니다. 피가 되는 경험들은 저절로 만들어지지 않습니다. 무언가를 나의 영양분으로 만들기 위해서는 능동적으로 탐구하고 배우려는 자세가 필요합니다. 다만, 피가 되는 양보다 피를 흘린 양이 많아 문제가 생기기도 합니다. 여러분들의 유혈사태를 막기 위해 회사에서는 가르쳐주지 않지만, 신입 디자이너라면 꼭 필요한 부분들을 소개합니다.

배운다는 다짐이
불러온 변화

여러분은 회사에 출근하고, 퇴근하기 전까지 대부분 어떤 생각을 하나요? 아마 대부분 다음과 같은 생각을 많이 할 겁니다.

'퇴근하고 싶다.'

어느 순간부터 회사는 '도망치고 싶은 공간'이 됩니다. 저 또한 입사 후 몇 달은 이런 생각으로 가득했습니다. 일하는 양과 시간이 점점 늘어나고, 그에 비해 실력은 늘지 않으니 스트레스를 받았습니다. 퇴근 후에는 쌓인 스트레스를 푸는 데집중했습니다. 의미 없이 재생되는 핸드폰 속 화면을 쳐다보거나, 자극적인 야식을 먹는 것 같이 건강하지 못한 방법들로 나만의 휴식을 즐겼습니다. 진정한 휴식이 아닌 시간은 몸을 힘들게 만들고, 체력적인 한계까지 느끼니 더욱 스트레스를받았습니다. 결국 이러한 악순환이 반복되었습니다. 그러던 어느 날, 대표님과 시장조사를 하고 회사로 돌아오는 길에 대표님은 지나가는 말로 이렇게 이야기했습니다.

"퇴근하고도 디자인 공부 좀 해봐."

네? 퇴근하고 디자인 공부요? 해야 할 일은 쌓여있고, 정시 퇴근도 못 하고, 디자인에 대해서 알려주는 사람은 한 명도 없는데 퇴근하고 따로 공부까지 하라니! 그저 회사의 주인으로, 또는 어른으로 하는 진부한 잔소리로 여기며 한 귀로는 듣고 한 귀로는 그 말을 흘렸습니다. 하지만, 계속해서 그 문장은 제 머리를 맴돌았죠. 생각해 보니 참 이상한 말이었습니다. 분명 디자이너가 되려고 학원에서 공부도 하고, 디자인팀에서 일하고 있는데 무슨 공부를 어떻게 해야 하는지 전혀 이해하지 못했습니다. 그리고 회사 생활을 돌아보니 디자인에 대해서 거의 무지하다는 것을 깨달았습니다. 정말 디자인 툴만 배운 '툴러(Tooloer)'였습니다. 예쁜 레퍼런스만 찾아서 적당히 어울리는 작업물을 만드는 사람이었습니다. 디자인에 대해 무엇부터 공부해야 할지 몰라 검색창에 '디자인'을 검색했습니다.

디자인(Design): 주어진 목적을 달성하기 위해 조형적으로 실체화하는 것
▲ 네이버 백과사전

전혀 생각하지 못한 정의에 머리를 망치에 맞은 듯했습니다. 디자인의 'ㄷ'도 몰랐다는 것을 알게 된 후 디자인 공부를 시작했습니다. 처음에는 단순히 디자인에 대한 지식이 늘어간다고 생각했는데, 생각보다 많은 부분이 긍정적으로 바뀌기 시작했습니다. 특히 회사 생활에서 전에는 찾을 수 없던 '재미'라는 것을 느꼈습니다.

배운 것을 사용하는 재미

인간의 뇌는 신기합니다. 뇌에 관한 흥미로운 사실 중 하나는 뇌는 '긍정'과 '부정'의 개념을 인식하지 못한다는 것입니다. 가장 유명한 문장으로는 언어학자 조지 레이코프의 책 제목이기도 한 '코끼리는 생각하지 마'가 있습니다. 인간의 뇌는 '부정'에 대한 개념이 없어서 부정하지 못하고 듣거나 보는 순간 바로 이미지를 떠올립니다. 우리가 회사에 가기 싫은 이유는 '회사=지루한 업무의 시작, 하기 싫은 일을 하는 곳, 피곤한 곳' 등과 같은 부정적인 생각이 연상되고 지속되고 있기 때문입니다. 부정적인 인식이 들면 우리의 뇌는 부딪히려고 하기보다는 '회피'하려는 경향이 커집니다. 그 결과, 일을 최대한 미루거나 책임을 지지 않으려고 합니다. 반면, 좋아하는 일이라면 그 일에 몰두하기 위한 준비를 합니다. 디자인 이야기를 하다가 뇌과학 이야기를 언급한 이유는 '배움'이 어떻게 업무에 대한 태도를 바꿀 수 있는지 증명하기 위함입니다.

매일 해결해야 하는 업무들은 점점 쌓여가고, 수정과 폐기가 반복되는 피드백 과정에서 자신감을 잃어가는 저에게 '일'은 피하고 싶은 대상이었습니다. 하지만, 디자인 공부를 시작한 후에는 업무에 재미가 붙었습니다. 회사는 이제 내가 배운 것을 적용할 수 있는 공간이며, 새롭게 배울 것들이 존재하는 곳입니다. 레이아웃 그리드와 폰트 위치, 이미지 속 시선에 따른 배치 등 기초적인 지식부터, 툴에 대한 새로운 기능을 많이 얻어갔습니다. 또한, 회사는 하나의 실험실처럼 다양한 도전을 실체화할 수 있는 곳입니다. 이미 많은 고객을 대상으로 하는 기업이기 때문에 회사를 통해 고객의 반응을 체크할 수 있습니다. 고객뿐만 아니라 거래처와의 관계 또한 이용할 수 있습니다. 인쇄소 거래처를 통해서 분기마다 종이 샘플을 받을 수 있고, 색다른 소재를 요청할 수 있습니다. 한 편으로는 내가 기획한 것을 만들면 회사에서 자본을 투자합니다. 무경력의 개인이 이런 일을 개인적으로 시작하려면 더 많은 시간과 노력, 비용을 들여야 합니다. 이렇게 생각하니 회사는 더 이상 '업무공장'이 아닌, 내 성장을 지지하는 한 부분으로 인식되었습니다.

새로운 도전을 받아들이는 태도

"왜 이렇게 일을 벌이지?"

회사 생활을 하다 보면 생각했던 것보다 규모가 커지거나, 전혀 생각하지 못한 일들을 해야 할 때가 있습니다. 업무의 양도 많은데 일을 더 만드는 대표님이나 상사가 얄미워 보일 때가 없다면 거짓말입니다. 이전에 해왔던 일들도 따라가기 버거운데 새로운 일들을 시작하는 것은 쉽지 않습니다. 배우지 않은 것들도 해내야 하는 상황에서 '배움'은 '새로운 도전'이기는 긍정의 신호로 받아들입니다.

하루는 저에게 '자사 몰 홈페이지 만들기'라는 업무가 주어졌습니다. 처음 그 프로젝트를 받을 때는 막막했습니다. 코딩도 배워본 적이 없으며, 웹 사이트 도메인조차 만들어 본 적이 없기 때문입니다. 하지만, 이번 기회에 배워보자 하는 마음으로 공부하다 보니 생각보다 제가 가진 업무 능력 안에서 할 방법들이 많았고, 오히려 이를 기회로 코딩도 조금씩 배우기 시작했습니다. 이 경험을 통해 얻었던 가장 큰 자산은 '웹디자인이나 코딩이라는 배움'이 아닌, '새로운 것에 도전할 수 있다!'라는 마음이었습니다. 물론, 새로운 것에 도전하는 과정이 힘들고 결론적으로 실패할 때도 있습니다. 그러나, 그 과정에서 배운 것들은 결국 나를 성장하게 합니다. 그러므로 당장 눈에 보이는 결과는 없지만, 성장을 위한 한 걸음이 시작되었고, 이것들이 쌓여 결국 원하는 것을 이루는 성공의 지점에 도달할 수 있습니다.

사람들이 알아보는 배움의 태도

바쁘게 돌아가는 현대사회지만, 한 공간에서 일을 하다 보면 타인에 대한 데이터를 긍정적이든, 부정적이든 우리도 모르게 축적하고 있습니다. 업무에 대한 태도, 배우려는 자세, 성장하는 모습 등 내가 느끼고 있는 것을 주변 사람들도 느끼고 있습니다. 어느 때는 당사자도 느끼지 못하는 부분을 타인이 먼저 알아챌 때도 있습니다. '다른 사람들이 알아보는 게 뭐가 중요해?'라고 생각할 수 있습니다. 우리의 배움이 타인에게 잘 보이기 위함이 아니라는 점에서는 동의합니다. 중요한 것은 회사도 사람들의 공동체라는 점입니다. 여러분이 좋은 기회가 될 수 있는 중요한 프로젝트를 진행할 때 누구와 함께하고 싶을까요? 각자의 가치관에 따라 다르겠지만, 성장하고 배우려는 태도를 가진 사람과 함께하고 싶을 겁니다.

디자이너로 입사한 첫 직장은 11개월이라는 짧은 시간으로 마무리가 되었습니다. 하지만 퇴사 이후에도 같이 일했던 분들에게 연락이 종종 옵니다.

"내가 퇴사하고 사업을 하는데 기업 PPT 디자인도 하고 있을까?"
"이번에 이직한 회사에서 디자이너를 뽑는데 공고 올리기 전에 한 번 먼저 연락드려요."
"개인으로 디자인 작업 의뢰해도 될까요? 브로슈어와 배너를 만들고 싶은데
…"

11개월 비전공자 신입 디자이너에게 이런 부탁을 하는 경우는 거의 없습니다. 그럼에도 같이 일했던 동료분들은 저를 경력이나 비전공자라는 타이틀로 판단하지 않았습니다. 회사 생활을 하는 동안 제가 보여주었던 배움에 대한 태도는 누구보다 함께 일하고 싶고, 책임감이 있는 사람이라는 데이터를 제공했을 겁니

다. 어제의 회사 동료가 내일의 클라이언트가 된 셈이죠. 누군가에게 굳이 잘 보이려고 하지 않아도 됩니다. 오히려 그건 나의 성장에 방해가 되죠. 하지만, 올바른 성장의 과정을 거치다 보면 나를 응원하는 사람과 그 가치를 알아주는 사람들이 반드시 존재합니다. 그리고 시간이 흐르면 같은 가치관을 공유하는 선배, 동료, 파트너들을 자연스럽게 만나게 되고, 또 새로운 인연들을 만나게 됩니다.

비전공자가
더 노력해야 하는 이유

어느 날, '다코야끼 사장님의 첫 트럭 장사'라는 제목의 게시물을 보게 되었습니다. 다코야끼 트럭이 왔다고 해서 갔는데 사장님이 초보여서 열심히 만드는데 모양이 망가져서 민망해하셨고, 줄 선 사람들은 모른척하며 기다려 줬다는 글이 었습니다. 장사초보의 귀여운 실수라고 생각하고 댓글을 보았는데 한 댓글이 눈에 띄었습니다. "장사를 쉽게 보셨네." 이 댓글에 대해 "너무 각박하게 생각하는 거 아니냐, 누구나 처음이 있다."라는 대댓글들이 있었지만, "요식업계에 뛰어들었다면 적어도 장사할 때의 태도, 기본 능력은 갖추고 손님을 받아야 한다."는 공감의 대댓글들도 있었습니다. 요식업계에 종사하는 사람들이 보기에는 준비가 되지 않은 태도로밖에 보이지 않았을 겁니다. 비전공자 디자이너도 마찬가지입니다. 툴만 다루고 디자인에 대해서는 배우려고 하지 않으면서 디자인 세계에서 살아남고자 한다면, 누군가 말할 겁니다.

"디자인을 쉽게 봤네."

085

'비전공'이 핑계가 되어 자기 객관화를 하지 못하도록 비전공자는 더욱 노력해야 합니다. 우리는 '비전공'이라는 타이틀로 부당한 대우를 받는다고 생각하지만, 오히려 이것을 이용해 다양한 핑계들을 만들고 있을지도 모릅니다. 흥미를 느끼고 시작했지만, 노력해야 하는 시간이 버거워 빠른 포기를 하는 분들도 있습니다. '1만 시간의 법칙'이라는 이론이 있습니다. 1만 시간을 그 분야에 쏟으면 누구나 전문가가 된다는 이론입니다. 매일 10시간을 쓴다면 약 3년을 보내야 하는 시간의 양입니다. 물론, 1만 시간을 '한계를 뛰어넘는 의도적인 연습'으로 채운다는 조건들이 따릅니다.

자신에게 맞지 않고, 흥미도 없는 일을 무조건 버티라는 뜻은 아닙니다. 다른 것에 배움을 가지고 새로운 분야를 시작한다면, 1만 시간의 법칙을 채울 각오로 시작해야 합니다. 어떠한 일에 '난 재능이 없어.'라는 판단은 이 시간을 채운 후 생각해 봐야 할 문제입니다. 흥미를 느끼고 시작했다가 그 과정의 순간들을 견뎌내지 못하는 시간이 반복되면, 그것은 '도전'이 아닌 '회피'가 됩니다. 내가 성장하지 못하고 제자리인 이유 또한 '비전공자'라서가 아니라 내가 성장하려는 노력을 하지 않았기 때문입니다. 저도 한 때는 '나는 비전공자니까 여기까지만 해도 괜찮아.'라고 생각했습니다. 하지만, 이러한 생각은 성장하려는 시도를 차단하고 한계를 스스로 만들어 가둡니다.

피드백을 받을 때마다 들었던 '비전공자여서 그래'라는 이 말은 성장의 가능성을 남겨놓지 않는 핑계입니다. 분명 디자인이 이상하다면 디자인에 문제가 있습니다. 레이아웃, 색감, 기획과는 다른 표현 등 그 이유 또한 다릅니다. 비전공자여서 못하는 것은 당연합니다. 디자인 분야뿐만 아니라 누구든 자신이 배우지 않은 분야는 '초보'일 뿐입니다. 하지만, 이제 이 세계에서 살아남기 위해서는 이러한 핑계가 통하지 않습니다. 사실, 디자인 분야는 생각보다 비전공자에게도 관대합니다. 전공 유무, 국적, 성별이 아닌 디자인 작업물에 대해서 평가하기 때문에 디자인만 잘한다면 누구든 살아남을 수 있습니다.

그래서 우리는 디자인을 잘하기 위해, 또는 디자인에 대해 알기 위해서 공부를 시작합니다. 막상 시작하려고 보니 어디서부터 시작해야 하는지조차 모를 때도 있습니다. 배우고 싶은데 배워야 할 것이 무엇인지 모르는 경우는 참 답답합니다. 저도 그렇게 시작했기 때문에 그 마음을 잘 알고 있습니다. 비전공자의 디자인 공부, 어디서부터 어떻게 시작해야 할까요?

2

비전공자의
디자인 공부

비전공자의 디자인 공부는 전공자와 확연한 차이가 있습니다. 먼저, 전공자는 탄탄한 커리큘럼과 교수님들, 그리고 과제나 시험을 통해 반강제적인 연습 시간을 가지죠. 비전공자들 또한 이러한 과정을 가질 수 있지만, 들여야 하는 시간과 비용이 적지 않습니다. 혼자서 공부하기에는 출발점도 모르는 막막함과 우리에게 주어진 자유로 쉽게 포기하게 됩니다. 저 역시 이러한 문제들로 인해 쉽게 디자인 공부를 포기했습니다. 그래도 칠전팔기의 정신으로 공부하고자 마음먹은 결과, 나름대로 공부 방법이라는 비결을 가지게 되었습니다. 물론 세상에는 수많은 공부 방법이 존재하고, 자신에게 맞는 공부법이 있습니다. 중요한 것은 자신의 것을 찾을 때까지 끊임없이 발굴하고, 공부에 대한 태도를 놓지 않아야 한다는 점이죠.

EPISODE 5

비전공자가 공부하는 법

비전공자는 어떻게 공부할까요?

고전적인 방법인 책으로 공부하거나

영상을 보고 공부를 하죠.

하지만, 독학에는 한계가 있죠.

이런 경우 오프라인 스터디 모임에 가입하거나

오픈카톡, 카페 등 온라인을 이용하면 됩니다.

비전공자가 전공자의
교육을 배우기 위해서는

대학의 커리큘럼을
참고하기도 합니다.

때로는 우물 안 개구리에서
벗어나기 위해

디자인 외의
공부도 필요하죠.

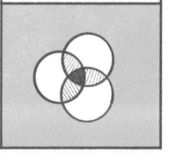

공부에 왕도는 없지만,
지도는 필요하죠!
비전공자 디자이너는
어떻게 공부했을까요?

비(Be) 전공자,
전공자를 모방하라

디자인 공부를 시작하려고 하면 어디서부터 어떻게 시작해야 하는지 막막한 사람들이 있습니다. 저 역시 같은 고민을 했습니다. 디자인에 대해 전혀 알지 못했기 때문에 어디서부터 손을 대야 하는지도 전혀 알지 못했습니다. 길을 잃은 사람에게는 지도가 필요하고, 어떠한 사람이 되고 싶다면 그 사람이 살아온 일대기를 되짚어 봅니다. 비전공자인 우리에게도 지도나 지침서가 필요합니다. '비전공자'인 우리가 디자인 공부를 하는 목적은 '전공자'가 되기 위함입니다. 그럼, 전공자들은 어떤 커리큘럼으로 공부했는지 알아보면 됩니다. 다양한 대학교의 디자인 커리큘럼을 찾아보고, 그 속에서 그들의 공통적인 학습 체계를 따라가다 보면 디자인 공부에 대한 답이 나옵니다.

기초부터 탄탄하게

대학 커리큘럼에서 1~2학년 때 공통으로 배우는 것은 '기초 디자인'입니다.

기초 평면, 기초 입체, 기초 색채 등 다양한 디자인 요소들의 기초를 배웁니다. 하지만, 비전공자들이 디자인 공부를 시작할 때 한 가지 간과하는 것 또한 '기초'입니다. 저 역시 독학으로 디자인을 시작했을 때도, 학원에서 툴을 배울 때도 '기초'에 대한 개념을 배제했습니다. 툴의 기능을 모두 알면 디자인 실력이 올라갈 것이라는 착각을 했기 때문입니다. 하지만, 모든 것이 그렇듯 기초가 탄탄하지 않으면 오래가지 못합니다. 가끔 기초를 배우지 않아도 타고난 감각으로 디자인 기초를 잘 적용하여 디자인하는 비전공자 디자이너들도 있습니다. 그런데, 그 디자인이 왜 좋은지 설명하지 못합니다. 디자인에서 소통은 매우 중요한 수단입니다. 설명하지 못하는 디자인은 아무리 좋더라도 타인을 설득할 수 없습니다. 이러한 이유로 디자인 기초는 모두에게 필요한 과정입니다.

'기초 디자인'으로 검색하면 대부분 입시 미술을 기반으로 한 정보들이 나올 것입니다. 사실, 기초 디자인은 우리가 초등학교, 중학교, 고등학교 미술 시간에 배웠던 이론들입니다. 누구나 아는 보편적인 지식이죠. 하지만, 입시생들도 이러한 이론들을 적용하고, 응용하는 것에 어려움을 겪습니다. 정말 디자인에 열정이 있는 비전공자분들 중에는 입시 미술부터 시작하는 분들도 있을 정도입니다. 이처럼 디자인 이론은 적용하고 응용하는 것이 얼마나 중요한지 알 수 있습니다. 디자인 기초를 적용한 다양한 레퍼런스들을 소개하는 책부터 디자인 이론을 재미있게 설명한 영상, 또는 디자인 기초를 쉽게 적용하는 법을 알려주는 강의 등 접근할 방법은 다양합니다. 스스로 다양한 레퍼런스들을 보면서 어떤 디자인이 적용되어 어떤 효과를 보이는지 분석할 수 있고, 이러한 관찰력이 쌓이면 디자인 기초들을 응용하여 원하고자 하는 바를 표현할 수 있는 수준에 이르게 됩니다.

커리큘럼으로 '디자인' 톺아보기

커리큘럼에는 디자이너라는 직업을 가지기 위해서 배워야 할 내용들이 담겨 있습니다. 따라서 디자인에 대한 A~Z까지 큰 줄기로 파악할 수 있습니다. 디자인 이론, 디자인 분야뿐만 아니라 현대 디자인 트랜드까지 파악할 수 있습니다. 커리큘럼에는 영상 디자인, 편집 디자인, 그래픽 디자인, 제품 디자인과 같이 익숙한 것들도 있지만, 아이덴티티 디자인, 도시 공간 디자인, 사운드 디자인 등 생소한 디자인 분야들도 포함되어 있습니다. 앞서 말했던 것처럼 앞으로의 방향성을 파악하기 위해 다양한 디자인 분야를 아는 것은 큰 자산이 될 수 있습니다. 전혀 알지 못하는 것을 처음부터 직접 찾는 것은 힘들지만, 커리큘럼을 보면 어떠한 디자인 분야가 있는지 알 수 있습니다. 미지의 영역에는 호불호의 판단을 할 수 없습니다. 우리가 알지 못했을 뿐이지 우리의 흥미, 직업 만족도와 얼마나 관련되어 있는지 직접 알아보는 것이 중요합니다.

한 편으로는 디자인에서 필요한 요소들을 배울 수 있습니다. 디자인 리서치, 디자인 탐구, 스토리텔링, 디자인 커뮤니케이션, 디자인 심리, 디자인과 문화와 같이 '시각적', '미학적'인 이론이 아닌, 디자인을 표현하는 과정에서 필요한 이론들을 파악할 수 있습니다. 이러한 수업을 통해 우리는 디자인 안에 다양한 콘텐츠들이 담겨 있다는 것을 알 수 있습니다. 또한, 디자인이 사회에서 가져야 하는 방향성을 알 수 있습니다. 지속 가능한 생활 디자인, 에코 디자인, 인간과 디자인 등 환경 중심 또는 사용자 중심의 디자인 이론들이 있습니다. 단순히 디자인이 실체화된 조형물이나 작업물이 아니라, 사회에서 영향을 끼치는 존재라는 것을 인식시켜 줍니다.

이처럼 커리큘럼은 디자인에 대한 모든 것을 담고 있습니다. 물론 세밀한 하위 내용이나 피드백을 얻을 수는 없지만, 디자인에 대한 큰 줄기를 얻을 수 있는 좋은 인사이트입니다. 다양한 지도가 있고, 네비게이션이 안내해 준다고 하지만, 그 길을 걸어가지 않으면 결국 목적지에 도착하지 못하게 됩니다.

온라인을
적극
활용하는 법

●●●

대부분의 비전공자 디자이너가 힘들어하는 부분은 디자인적 소통을 할 수 있는 대상이 없다는 사실입니다. 전공자라면 동기, 선배, 후배, 더 나아가 교수님까지 디자인적 교류를 할 기회의 장이 존재하지만, 디자인과 관련 없는 전공을 했던 저는 '디자인'에 대한 교류를 할 기회가 적었습니다. 디자인 취업 시장의 다양한 정보와 인간관계 등 활용하면 좋은 자원들이 비전공자들에게는 빠져 있습니다.

혹시나 취업에 성공하여 디자인 시장에 발을 들였다고 하더라도 업무 외의 사적 교류를 한다는 것은 상당히 피곤한 일입니다. 만약 여러분의 사수나 선배가 여러분과 디자인 교류를 하며, 여러분의 성장을 위해 제안과 응원을 해준다면 여러분은 그 사람에게 반드시 감사의 표시를 해야 합니다. 그런 좋은 사수를 만나면 다행이지만, 대부분은 그렇지 못합니다. 그런 상황이 나에게 없다 하더라도 포기해서는 안 됩니다.

다행히 우리는 21세기에 살고 있고, 터치 몇 번으로 수많은 정보를 얻을 수 있습니다. 전문가들의 유료 강의부터 개인적인 소소한 꿀팁을 담은 영상과 글들이 쏟아져 나옵니다. 목적과 취향에 따라 원하는 만큼 원하는 대로 고를 수 있는 시대에 살고 있는 것입니다. 이러한 사실을 모두 알고 있지만, 잘 활용하지 못합니다. 온라인을 통해 어떻게 디자인 공부를 할 수 있을까요?

콘텐츠를 습득하자

디자인 분야뿐만 아니라 어떠한 분야에서든 성장하고자 하는 사람들은 끊임없이 공부하고 정보를 찾아봅니다. 이러한 사람들은 평소에 내가 궁금했던 점만 쏙쏙 알려주거나, 나의 취향에 맞거나, 또는 내가 본받고 싶은 이야기를 하는 콘텐츠들을 다양한 플랫폼에서 틈틈이 챙겨봅니다. 더 나아가 자신에게 꼭 필요하다고 생각하면 유료 강의를 구입하여 별도의 공부와 스터디 모임을 하는 사람들도 있죠. 이처럼 여러분에게 필요한 정보들을 제공하는 그 콘텐츠들은 비전공자에게 최고의 사수가 되어줍니다.

온라인 콘텐츠는 오프라인의 한계를 뛰어넘습니다. 언제든, 어디서든 내가 궁금하면 정보를 얻을 수 있고, 원하는 부분만 반복해서 시청할 수 있습니다. 또한 알고리즘이라는 시스템을 통해 우리는 더욱 다양한 정보들을 제공받고 있습니다. 공부하면 할수록 우리는 더 넓고 다양한 지식을 얻을 수 있습니다. 온라인 특성상 한 명의 사수가 아닌, 다양한 사수들을 동시에 만날 수 있습니다. 툴을 가르쳐주는 사수, 업무 꿀팁을 알려주는 사수, 디자인적 이슈 혹은 사고를 알려주는 사수 등 배우고자 하는 카테고리와 주제마다 원하는 사수를 고를 수도 있습니다. 요즘은 개인적인 경험담, 디자인적 사고, 업무에 대한 정보 등 디자인에 대한 다양한 시각들이 제공되어 활용도가 높아졌습니다. 또한, 댓글을 통해 콘텐츠 제작자와 소통할 수 있고, 더 나아가 콘텐츠를 소비하는 사람들과도 소통할 수 있다는 장점이 있습니다.

이렇게 공간과 시간적 제한이 없어서 가지는 이점도 있지만, 문제 또한 존재합니다. 너무 많은 콘텐츠를 공부하려고 하면 양이 많아 다 소화하지 못하고 결국 포기하거나 미루게 되는 경우가 생깁니다. 콘텐츠의 특성상 시청자의 눈을 사로잡기 위해서 자극적인 문구를 끊임없이 노출합니다. 그중에서 특히 '당신만 몰랐던', '지금 모르면 손해', '남들 다 아는'과 같은 문구는 손해에 대한 현재의 불안과 불만족을 일으킵니다. 그리고 콘텐츠를 소비함으로 시청자가 만족하는 미래를 꿈꾸게 하죠. 물론, 누군가에게는 정말 필요하고 소중한 정보겠지만, 나에게도 그러한 가치를 가지는지 생각해야 합니다. 불안에 대한 강박 때문에 내게 지금 정말 필요한 콘텐츠가 무엇인지 판단을 하지 못합니다. 올바른 콘텐츠를 소비하기 위해서는 기준을 세워야 합니다. 현재 내가 배우고자 하는 것, 내가 알고자 하는 것들을 목록화하고, 이 목록에 관한 콘텐츠를 하루에 하나에서 두 개만 정해야 합니다. 불안감으로 소비하는 콘텐츠들은 대부분 나중에 보기, 저장하기와 같은 공간에서 시청되지 못한 채 저장공간을 차지하고 있을 것입니다. 만약, 정말 봐야 하는 콘텐츠가 생겼다면 그날 공부할 자료로 선택하거나, 다음날 공부할 자료로 바로 넣어두어야 합니다.

공부할 콘텐츠를 최소화했다면, 이제 가르쳐준 것들을 실행하고 연습하는 것이 중요합니다. 아무리 콘텐츠에 좋은 내용이 담겨있다고 하더라도 스스로 해보지 않으면 남지 않습니다. 툴에 대해서 배운다면 영상이나 책의 예시를 직접 따라하는 연습을 해야 합니다. 보기만 해서 실력이 향상된다고 생각하는 것은 도로 주행 코스 영상만 보고 운전 면허를 습득할 수 있다고 믿는 것과 같습니다. 직접 운전하고, 도로의 상황을 겪어보며 흐름을 파악하고 미리 대비하는 것처럼 실전에서 툴을 다뤄보면서 자신의 것으로 만드는 것이 중요합니다. 디자인 이슈와 같은 내용을 공부하는 경우에는 내용과 관련된 뉴스, 또는 자료들을 찾아서 스크랩하고 이것에 대한 나의 코멘트를 작성해 보는 방식으로 습득합니다. 예를 들어, '좋은 디자인이란?' 주제의 콘텐츠를 공부한다고 가정합시다. 콘텐츠에는 좋은 디자인에 관한 정의, 정의를 뒷받침하기 위한 다양한 예시와 기록, 개인적인 의견이 담겨있습니다. 콘텐츠를 읽고, 콘텐츠에서 언급되었던 예시나 기록 중 주제를 가장 잘 나타내는 하나를 선택합니다. 그리고 이것에 대한 자료들을 수집합니다. 예시에 대한 자료수집이 끝나면 배운 내용을 정리하면서 마무리에 내 생각을 적습니다. 내가 느낀 점, 또는 알게 된 점 등 자유롭게 기록합니다.

마지막으로 주의해야 하는 점은 온라인을 통해 공부하다 보면 우리의 집중을 빼앗는 것들이 많습니다. 유튜브 홈 화면에 보이는 재미있는 영상들, 인스타그램의 릴스, 광고로 뜨는 쇼핑몰 배너, 카카오톡 알람 등 순간적인 자극들은 순식간에 집중력을 빼앗고 주도권을 가지게 됩니다. 온라인 사수들을 적극 활용하기 위해서는 이러한 요소들을 제거해야 합니다. 하지만, 플랫폼을 통해 공부해야 하는 환경에서 플랫폼 자체를 지운다는 것은 불가능한 일입니다. 만약 평소에 자주 집중력이 흩어진다면, 다음과 같은 방법들을 활용하는 것이 좋습니다.

1 ｜ 콘텐츠를 미리 정해 출,퇴근 시간에 메모장에 정리하거나 캡처해 놓기

출, 퇴근 시간에 콘텐츠를 정리하거나 캡처하여 온라인에 접속하지 않아도 볼 수 있도록 가공하는 것이 좋습니다. 그리고 엄지손가락이 여러분의 시간을 빼앗지 않도록 잘 통제하세요!

2 | 기기 배너 알람 꺼놓기

카톡이나 앱 광고 알림이 울리면 순간적으로 시선이 그곳을 향합니다. 필요 없는 알림들은 모두 꺼주세요. 생각보다 바로 확인하지 않아도 되는 알림들이 많습니다.

3 | 포모도로식 학습법으로 집중하기

포모도로식 학습법은 25분 학습, 5분 휴식의 시간관리법입니다. 짧은 시간 동안 어떤 일을 마쳐야 한다는 생각은 뇌의 집중력을 높여줍니다. 인간의 뇌는 최대 40분 동안 집중할 수 있다고 합니다. 쉬는 시간과 공부 시간을 분류하고, 그 시간을 지켜보세요.

이렇게까지 해야 하나 싶지만, 생각보다 우리는 전자기기 중독에 빠져있습니다. 중독은 단순히 의지만으로 해결할 수 없는 상태를 뜻합니다. 최대한 집중할 수 있는 환경을 세팅해 주어 몰두할 수 있게 만들어야 합니다. 잠시만 한 눈을 팔면 인스타그램과 유튜브의 늪에 빠져있으며, 시간은 속절없이 흐르는 것을 매일 느끼지 않나요? 만약 그렇다면, 조절할 수 있다는 믿음은 잠시 넣어두고 절제할 수 있는 환경을 만드는 것이 먼저 필요합니다.

브이로그의 또 다른 기능

'디자이너 브이로그라고 쓰고, 디자이너의 피, 땀, 눈물이라고 읽는다.'

디자인 공부를 한다고 하면 대부분 정보성이 강한 내용들을 떠올립니다. 툴에 대한 개념이나 사용법, 업무에 관한 정보, 디자인 취업시장 정보. 이러한 정보들도 필요하지만, 때로는 디자이너들의 생생한 현장을 알고 싶을 때가 있습니다.

사수도 없고, 디자이너 지인도 없던 저는 사소한 것 하나까지 알려주는 사람이 있으면 좋겠다는 마음을 가졌습니다. 그때 제가 가장 많은 도움을 얻었던 것은 디자이너들의 '브이로그'였습니다. 브이로그는 정보전달을 목적으로 하지 않고, 기록의 날 것들을 보여줍니다. 가공되지 않은 날 것의 기록들에는 순간순간의 모습들이 그대로 담겨있어 더욱 생동감 있는 경험들을 느낄 수 있습니다.

특히 기업이나 개인 브랜드에서 진행하는 브이로그는 디자이너의 업무 생활을 더 자세히 들여다볼 수 있습니다. 대표적인 채널 중 하나는 '모베러웍스'의 "MoTV"입니다. 그중에서도 신입사원들이 직접 기록한 시리즈 '모배우러왓수'는 신입사원이라면 겪을 고민, 업무적 부담이 잘 드러나있어 공감하면서 볼 수 있습니다. 단순히 기록만 하는 것이 아니라, 자신이 잘 모르는 부분들을 구독자에게 물으면 구독자들이 댓글을 통해 다양한 정보를 제공하는 일종의 정보 교류의 장을 만드는 역할도 합니다. 디자인 커뮤니티가 필요할 때는 회의 장면들을 돌려보곤 합니다. 프로젝트 진행 시 디자이너들은 어떤 말을 쓰고, 어떤 표현을 하는지 참고합니다. 그러다 보면 과몰입하게 되어 화면 속 그들과 회의하듯 아이디어를 공유하고 있는 내 자신을 발견합니다.

또한, 브이로그는 성공한 사례들만 보여주지 않습니다. 업무 과정에서 발생한 실수, 통과되지 않은 시안들, 소통의 오류, 예상치못한 사고 등 아찔하고, 눈물 없이 볼 수 없는 모습들을 담고 있습니다. 이러한 상황을 간접경험 하는 것은 큰 공부가 됩니다. 같은 상황에 맞닥뜨렸을 때 해결한 방안을 배울 수 있고, 이러한 일들이 일어나지 않게 미연에 방지하는 역할도 합니다. 성공한 사례들만 편집된 인생을 보면 비교되고 마치 히어로 같은 모습으로 보이지만, 그들도 그 과정에서 수많은 좌절과 실패를 경험했다는 사실을 알게 되면 도전과 용기가 생깁니다.

온라인 커뮤니티 활용하기

온라인에는 다양한 디자인 커뮤니티들이 존재합니다. 예전에는 카페와 같은 플랫폼이 주를 이루었다면 요즘은 오픈 카카오톡, 인스타그램, 별도의 사이트 등 다양한 플랫폼에서 디자이너들의 커뮤니티가 활발하게 생성되고 있습니다. 디자인에 대한 이슈, 툴에 대한 질문, 디자인 피드백뿐만 아니라, 제품 추천, 제품 할인 정보, 물리치료 정보까지 디자이너라면 누구나 공감할 부분들이 공유되고, 브랜딩 디자이너, 편집 디자이너, 캐릭터 디자이너, 상세페이지 기획 디자이너, 웹 디자이너 등 다양한 분야와 취업준비생, 신입사원, 프리랜서, 대표, 강사 등 다양한 직급과 유형의 사람들이 모여있어 더 넓은 정보와 시각을 공유할 수 있습니다.

또한 디자인 크리에이터가 관리하는 커뮤니티, 한 가지 디자인 분야에 대한 커뮤니티, 디자인 정보만 공유하는 커뮤니티, 성장과 소통을 위한 커뮤니티 등 그 성격과 목적은 천차만별입니다. 그러므로 여러분이 원하는 성격과 목적을 잘 파악하여 커뮤니티를 고르는 것도 중요합니다. 커뮤니티 내에서 별도의 스터디와 강의가 진행되는 곳도 있습니다. 한 주에 하나의 주제로 다양한 디자인 작업물을 진행하거나, 공모전과 같은 프로젝트를 진행하기도 합니다. 가끔 원데이 클래스처럼 툴 강의가 진행되는 곳도 있습니다. 비전공자였던 저도 많은 커뮤니티에 들어가서 좋은 정보들과 경험들을 배우고, 제가 배운 것을 공유하며 많은 것을 얻었습니다. 원티드, 블라인드, 리멤버와 같은 채용공고 사이트에 있는 커뮤니티를 활용할 수도 있습니다. 특히 이런 경우는 실제 그 분야 직종 종사자임을 인증받았다는 신뢰가 있으며, 더 나아가 회사에 대한 재직자의 정보를 공유받을 수 있어 취업이나 이직을 준비 중인 분들에게 도움이 됩니다.

• 카페

관리가 잘 되는 편이고 정보에 대한 분류와 정리가 잘 되어 있지만, 등급에 따른 정보의 한계가 있어 등급을 올리기까지 시간이 걸립니다.

• 오픈카카오톡

접근성이 쉽고, 실시간으로 질문에 대한 답을 들을 수 있습니다. 하지만, 정보를 정리해서 보기에는 한계가 있고, 사적인 대화가 많아질 수 있습니다.

• 사이트

사이트는 각각 성격과 취향, 목적이 확실한 편으로 공감하는 내용과 정보들이 많습니다. 다만, 다른 커뮤니티보다 접근성이 떨어지고, 운영이 지속되지 못하는 경우도 있습니다.

우물 밖
디자이너

광고를 잘 뽑는 많은 기업들이 있지만, 제가 소개할 광고 맛집은 바로 '하인 즈'입니다. 네, 여러분들이 잘 알고 있는 하인즈 케첩이죠. 하인즈는 그들의 슬로 건인 '57'과 그들이 추구하는 'slow'를 이용하여 다양한 캠페인을 소개했습니다. 0.57초의 광고를 제공하여 소비자들이 느린 배속으로 다시 광고를 돌려보게 만들 거나, 57분동안 웹사이트 로딩을 기다리면 이벤트 캠페인이 열리는 것 같은 재미 있는 캠페인을 진행했습니다. 그리고 유리병의 라벨을 삐뚤게 붙인 케첩 병을 선 보이기도 했습니다. 케첩 병을 기울여서 라벨이 똑바로 되었을 때, 그때가 유리병 에서 케첩이 가장 잘 나오는 각도라는 인식을 소비자들에게 선보인 거죠. 하인즈 는 많은 소비자들과 전문가들에게 신선한 마케팅으로 좋은 광고를 만든다는 평판 을 얻고 있습니다. 최근에는 'AI'의 기술을 이용한 재미있는 광고를 선보이기도 했 습니다. 케첩이라는 이미지를 검색하면 모두 하인즈를 연상시키는 케첩 이미지들 이 나오는 것을 보여줍니다. 그리고 말하지요. "케첩은 하인즈." 이 광고는 '케첩' 이라는 키워드와 함께 또 다른 키워드를 넣어야지 나올 수 있는 결과라는 점에서 사람들이 이의를 제기하여 논란이 되었지만, 최신 트렌드와 하인즈만의 특유의 감성을 넣은 광고라는 평을 받기도 했습니다.

하인즈의 광고는 '케첩'에 대해 이야기하지 않습니다. 토마토를 어디서 공급받고, 어떤 공정을 거치고 있으며, 얼마나 맛있는지 이야기하지 않습니다. 오히려 케첩과는 아무 관계가 없어 보이는 'AI'를 이용하기도 합니다. 이렇게 소비자의 관심을 끌면서도 브랜드의 메시지와 신조를 자연스럽게 녹여내고 트렌드를 담고 있습니다. 좋은 광고는 상품을 잘 소개하는 것이 아니라, 소비자들에게 다가가면서 브랜드를 알리는 것임을 알 수 있습니다.

좋은 디자인도 마찬가지입니다. 다양한 정보, 경험, 통찰을 그 안에 잘 녹여내는 과정이 필요합니다. 그저 아름답게 보이는 것이 중요한 것이 아닙니다. 디자인을 소비하는 소비자에게 어떻게 다가가야 하는지, 그러면서 디자인에서 표현하고자 하는 내용을 잘 담고 있어야 하며, 사회의 흐름을 담고 있어야 합니다. 그러므로 우리는 '디자인'만 공부하는 우물 안 디자이너가 돼서는 안 됩니다. 앞서 말한 책상에 앉아 온라인에서만 공부하는 디자인으로 한계가 있다는 뜻입니다. 온라인을 적극 활용하는 것만큼 사고의 확장을 같이 키우는 것도 중요한 일입니다. 그래서 디자인 외의 다양한 분야에 열린 사고방식을 가지고 있어야 합니다. 비전공자들은 여기서 유리한 면을 가지고 있죠. 우리에게는 이미 다른 전공 분야의 지식이 있으니까요. 이전에 우리가 배워왔던 지식을 디자인에 적용할 줄 아는 것도 필요합니다.

비전공자의 디자인 공부

105

부록

인문대 전공자이자
비전공자 디자이너가 추천하는 책

• 버려지는 디자인, 통과되는 디자인 시리즈

디자인 공부를 위해 샀던 처음 책입니다. 버려지는 디자인과 통과되는 디자인의 기준, 즉 선택된 디자인의 이유를 보여줍니다. BAD와 GOOD을 비교하며 보여주어 어떤 디자인이 보았을 때 안정적이며 효과가 있는지 바로 알수 있게 제작되었습니다.

| 추천 대상 | 왜 내 디자인이 이상한지 모르는 사람, 좋은 디자인에 대한 예시들과 이유를 알고 싶은 사람

• 아이디어가 고갈된 디자이너를 위한 책 시리즈

제목 그대로 아이디어가 고갈된 디자이너들에게 영감을 주기 위해 제작되었습니다. 로고 디자인, 일러스트레이션, 타이포그래피, 그래픽디자인, 4분야로 분류되어 있습니다. 영감이 될 만한 주제들과 그와 관련된 예시 하나를 보여주는 방식으로 표현법이나 기초 이론 등을 제시하여 아이디어 환기에 도움이 됩니다.

| 추천 대상 | 다양한 디자이너들의 예시와 영감이 필요한 사람, 내가 몰랐던 이론, 표현법 등을 알고 싶은 사람

• 기획의 정석

기획의 'ㄱ'도 모르는 사람도 기획에 대해 흥미를 느끼게 만드는 책입니다.

기획에 대한 전반적인 이해와 함께 기획할 때 어떤 점들을 주의해야 하는지 쉽고 재미있게 설명합니다.

| 추천 대상 | 기획에 대한 관심은 있지만 엄두가 나지 않던 사람, 프로젝트 시작 시 무엇부터 해야 할지 모르겠는 사람

• 다른 방식으로 보기

다른 방식으로 보기는 미학에 대한 내용을 다뤘지만, 쉽게 읽히는 책입니다. 미술의 역사와 함께 미술을 바라보는 시각을 이야기하며, 현대의 사회에서 미학이 가지는 의미를 이야기합니다.

| 추천 대상 | 미술에 대한 관심이 많으며, 새로운 시각이 필요한 사람, 미학에 입문하고 싶은 사람

• 디자인의 가치

디자이너라면 어떤 가치를 가져야 하는지 제시해 주는 책입니다. 철학적인 내용이 주를 이뤄 다소 난해할 수 있으나, 디자인과 디자이너가 가져야 할 가치에 대해 생각하게 만듭니다.

| 추천 대상 | 현대사회에서 디자이너가 가지는 가치에 대한 의미를 고민하는 사람, 디자인에 대한 철학적 사고를 기르고 싶은 사람

모방,
저 너머로

신입사원 시절 가지고 있던 착각 중 하나는 '레퍼런스를 찾지 않는다.'는 것이었습니다. 레퍼런스를 보다 보면 나도 모르게 모방만 하게 되어 아예 백지에서 시작하겠다는 의도였습니다. 하지만 '해 아래 새것은 없다.'라는 성경구절이 있는 것처럼, 모든 것은 모방의 과정에서 시작하게 됩니다. 다만, 명심해야 할 것은 모방 없이 성장할 수는 없지만, 모방에서 멈추면 안 됩니다. 대부분 사람들이 아는 것처럼 천재적인 화가 피카소 또한 본인만의 스타일을 가지기 전까지 기초에 충실한 모방의 과정을 거쳤습니다. 실패는 성공의 어머니인 것처럼 모방의 과정이 있어야만 자신의 디자인을 만들 수 있게 됩니다.

생각 없이 고른 레퍼런스

음악회 포스터를 제작해야 합니다. 여러분은 레퍼런스를 찾기 위해 '핀터레스트'를 켭니다. 그리고 쏟아지는 수없이 많은 포스터 이미지에서 마음에 드는 이

108

미지 몇 가지를 저장합니다. 보다 보니 점점 눈에 들어오는 포스터들이 많아집니다. 이미 레퍼런스를 찾는 과정부터 모방의 늪으로 빠져버린 것입니다. 레퍼런스를 찾기 위해서는 일정한 가이드가 있어야 합니다. '내가 왜 레퍼런스를 찾고 있는가?'라는 의문점을 가져야 합니다. 그러기 위해서는 일단 레퍼런스 사이트를 열기 전에 생각해 봐야 한 것들이 있습니다.

1 ㅣ 주제

디자인의 주제를 파악해야 합니다. 디자인은 문제해결을 위한 실체화이며, 메시지를 담고 있어야 합니다. 음악회 포스터도 강조하는 메시지가 있습니다. 피아노 연주회, 어린이날 음악 연주회, 서울 재즈 페스티벌, 한 여름밤의 연주회 등 연주회마다 주제가 정해져 있습니다. 주제를 파악하면 모방의 늪에서 한 발짝 멀어지게 됩니다. 만약, 어린이날 음악 연주회 포스터를 만들어야 한다면 음악회 포스터보다는 어린이날 포스터를 주제로 레퍼런스를 찾을 수 있습니다. 어린이를 주제로한 포스터들의 공통점을 찾아볼 수 있습니다. 그 공통점들을 분류하고, 나만의 소스들을 추가하면 모방을 뛰어넘을 수 있는 발판이 마련됩니다.

2 ㅣ 스타일

스타일, 즉 어떠한 방식의 이미지를 사용할 것인지 기획해야 합니다. 어린이날 음악 연주회라고 하더라도 어린이 실물 사진을 이용한 포스터, 일러스트를 이용한 포스터부터 빈티지, 키치 등 다양한 표현 방식의 스타일이 있습니다. 스타일을 정했다면 주제와 마찬가지로 스타일 내에서 레퍼런스를 다양하게 찾을 수 있습니다. 평소 자주 쓰는 스타일이 있다면 레퍼런스를 따로 분류해 두는 것이 좋습니다.

3 | 세부요소

이제 레이아웃, 색상, 소스 등 세부 요소들을 주제와 스타일에 맞게 레퍼런스를 찾아봅니다. 어린이날 음악 연주회를 주제로 하고, 일러스트로 표현하고자 한다면 채도가 낮고 명도가 낮은 색상들보다 채도가 높고 밝은 색상을 키 컬러로 사용하는 것이 좋습니다. 레이아웃은 덩어리 감으로 잡는 것이 좋습니다. 문자, 이미지, 배경이 어떻게 배치되어 있는지 파악하고 표현하고자 하는 목적에 따라 레이아웃을 고릅니다. 예를 들어 내용이 많다면 제목, 내용, 이미지가 적절하게 배치된 레이아웃을, 일러스트가 중요하다면 이미지가 문자보다 강조된 레이아웃을 고릅니다.

편집되지 않은 레퍼런스

한가한 업무시간에 핀터레스트에 들어가서 이것저것 살펴봅니다. 마음에 드는 이미지를 저장했더니, '이미 저장한 이미지입니다!'라는 문구가 뜹니다. 저장 폴더에는 수백 가지 이미지들이 있지만, 어떤 이미지가 있는지 잘 떠오르지 않습니다. 또는 스타일별로, 요소별로 하나하나 마치 컴퓨터가 저장해 놓듯이 분류해 놓는 사람도 있습니다. 하지만, 점점 더 늘어가는 폴더와 이미지를 어떠한 폴더에 저장할지 몰라 폴더들 사이에서 고민하는 시간이 늘어갈 뿐입니다.

레퍼런스를 분류하지 않거나, 기계적 분류를 하고자 하면 내 것이 되지 않습니다. 레퍼런스를 '편집'해야 합니다. 편집의 사전적 정의는 '일정한 방침에 따라 여러 가지 재료를 모아 신문, 잡지, 책 따위를 만드는 일'입니다. 키워드는 '일정한 방침'입니다. 즉, 나만의 분류법을 가지고 분류하는 것이 중요합니다. 프로젝트를 진행해 가면서 본인이 자주 찾게 되는 레퍼런스들이 존재합니다. 상세페이지를 주로 한다면, 상세페이지에 들어가는 요소 중 아이콘, 쿠폰, 그래프 등 다양한 요소들을 분류하여 저장합니다. 이렇게 분류하면 각 요소를 연결할 수 있는 데이터가 쌓일 뿐 아니라, 클라이언트와 소통할 때 이해를 도와주는 자료로도 활용하기 쉽습니다.

보기만 하는 레퍼런스

디즈니 실사화 라이온킹을 보면 내셔널지오그래픽 같다는 의견들이 주를 이룬 이유는 그들의 표정이 애니메이션처럼 극적으로 드러나지 않았기 때문입니다. 이처럼, 디자이너는 '표현'하는 방식에 있어서 사물 그대로가 아닌, 말하고자 하는 방식대로 표현해야 합니다. 하나의 사물을 그리더라도 컨셉에 맞게 표현하는 법을 익혀야 합니다. 전달하고자 하는 메시지와 표현이 보는 사람에게 느껴지는 것이 중요합니다.

하나의 사물을 어떻게 표현했는지 분석하는 것도 좋습니다. 이때 스타일을 보는 것보다 사물을 왜 그렇게 표현했는지 파악하는 것이 중요합니다. 자동차를 예시로 들어보겠습니다. 자동차의 어떤 부분을 표현하고자 하느냐에 따라 이미지는 달라집니다. 만약, 빠른 스피드를 나타내는 포스터라면 섬광이나 모션 가우시안을 주어 속도를 표현할 것입니다. 차를 사용하므로 일상의 자유를 주는 경험을 표현하고자 한다면 인물이나 배경을 사용하여 차의 이미지를 표현합니다. 차량의 컬러, 차량의 용도, 즉 전하고자 하는 목적에 따라 표현하는 방식들을 파악하고 자신의 것으로 만들어 적용하는 방식을 선택한다면 모방의 늪에서 벗어날 수 있습니다.

공부에는
왕도가 없지만,
지름길은 있다

"공부에는 왕도가 없다."

공부는 꼼수나 요령 없이 꾸준히 하기만 하면 성공한다는 유명한 말이 있습니다. 하지만, 꾸준히 한다고 모두가 성공하는 것은 아닙니다. '공부'는 어떠한 정보나 지식을 배우고 익히는 것입니다. 즉, 본인의 것으로 만드는 과정입니다. 학창 시절, 분명 공부를 열심히 하는 것 같은데 성적이 오르지 않는 친구가 있었습니다. 쉬는 시간에도 책만 보고, 야간 자율학습 시간에도 책만 보는 엉덩이가 무거운 친구였습니다. 그 친구가 성적이 오르지 않은 이유는 정말 책만 '보았기' 때문입니다. 눈으로 보고 있는 행위가 어느 정도 효과는 있지만, 자신의 것이 되지 못합니다. 학습 효율성 피라미드를 보면 공부 방식에 따라 습득되는 정도가 다름을 알 수 있습니다.

가장 효과가 좋은 학습 방법은 실제로 해보거나 말로 설명하는 것입니다. 디자인 공부도 마찬가지입니다. 매일 유튜브로 디자인 툴 영상을 보거나, 디자인 관련 영상을 본다고 나의 것이 되는 것은 아닙니다. 유튜브로 영상을 보면서 익혔던 지식은 다음 영상으로 넘어가면 대부분 잃어버리게 됩니다. 책을 읽어도 단순히 독서로 끝나면 활자를 읽은 행위에 지나지 않습니다. 디자인은 특히 자신의 것으로 만드는 과정이 중요합니다. 데이터를 모으고 체득하는 과정이 있어야만 자신의 디자인을 할 수 있습니다. 자신의 디자인이라고 해서 예술적이거나 독창적인 디자인을 뜻하는 것이 아닙니다. 자기 언어로 다른 사람들에게 소통할 수 있는 디자인을 의미합니다.

3

신입
디자이너라면
필독

"신입이니까 괜찮아요."

초등학교, 중학교, 고등학교 교육과정에서도, 회사에 입사해서도 '신입사원이 해야할 일'을 가르쳐주는 사람은 없습니다. 내던져진 환경에서 적응하랴, 새로운 업무 프로세스를 익히랴 정신이 없습니다. 저 역시 그러한 순간들을 겪었습니다. 입사 후 일이 없을 때는 멍하니 책상에 앉아 있기도 했습니다. 그러다 좋은 선배님들의 조언을 이것저것 주어담아 실천하다 보니 좋은 습관들도 생겼습니다. 어느 정도 경력이 쌓인 후에는 '신입 때부터 알았으면 좋았을 걸…' 하는 아쉬운 부분들도 있었습니다. 신입 디자이너가 된 여러분은 좋은 것만 채워 그 시절을 만끽하시길 바랍니다!

EPISODE 6
신입만이 누리는 특권

조던 피터슨 교수는 30대 이전까지는 자신을 찾고, 방황해도 괜찮지만 30대 이상이 그러면 마치 '늙은 아이'와 같다고 말했습니다.

이렇듯 그 시절에만 가능한 것이 있죠. 신입사원의 질문 특권과 같이요.

그런데, 이런 밈이 있죠?

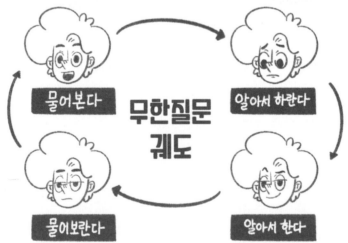

무한질문 궤도

물어본다 → 알아서 하란다 → 알아서 한다 → 물어보란다

질문은 리스트화 하여
간결하게 물어보고

쉽게 찾을 수 있거나 이미 물어본
질문은 피하는 것이 좋습니다.

NO FIGER PRINCE/PRINCESS

질문을 들을 때는 메모하는 습관과 답변하는 사람에 대한
예의를 차리고 반드시 감사인사를 남겨야 합니다!

집중하는 눈빛

끄덕이는 리액션

바쁘게 필기하는 손

질문용 노트 항시대기

신입의 특권을
지혜롭게 사용하는 것이
중요합니다.

이 점을 알면 미생의 시절을
더 멋있고 알차게 보낼 수 있습니다.

신입 때부터
가지면
좋은 습관들

●●●●

세 살 버릇, 여든까지 간다는 속담처럼 습관을 처음부터 잘 잡으면 평생 좋은 습관을 지니고 살 수 있다는 뜻이 됩니다. 어떠한 일, 습관을 만드는 데 걸리는 시간은 두 달이라고 합니다. 두 달만 투자하면 의식하지 않아도 그 일을 자연스럽게 할 수 있게 됩니다. 사소하지만 알고 있으면 사소하지 않은 습관들! 지금부터 알려드리는 습관들을 포스트잇에 써서 잘 보이는 곳에 붙여놓으세요. 그리고 두 달에서 세 달동안 의식적으로 반드시 실천해 보세요. 처음에는 별거 아닌 것 같아도, 바쁜 일정이 있으면 아마 쉽게 잊어버릴 수 있을 겁니다. 그래도 다시 시작해 보세요! 습관으로 자리 잡은 일들이 여러분의 자산이 되어 있을 겁니다.

업무 일지 작성하기

꾸준히 일기를 쓰는 편은 아니지만, 회사 생활을 하면서 꼭 쓰던 것이 업무 일지였습니다. 입사 첫날부터 기록했던 습관으로 업무 일지를 작성했던 저는 회사 생활을 하면서 일지의 도움을 많이 받았습니다. 업무 일지는 단순한 체크리스트가 아닙니다. 현장에서 일어났던 일들을 최대한 기록하고 검토하는 용도로 사용합니다. 그러므로 포스트잇과 같은 작은 메모지나 분리해서 쓸 수 있는 메모지보다, B5나 A4 사이즈의 노트를 활용했습니다. 포스트잇과 같은 분리되는 작은 메모장은 메모에 대한 분실과, 메모 공간의 제약으로 추천하지 않습니다. B5나 A4 사이즈의 공책을 이용하면 공간이 자유롭고 이전 날의 업무일지도 함께 볼 수 있어 연속적으로 업무의 흐름을 파악할 수 있습니다. 물론, 정 급할 때는 휴대폰 메모장을 사용하는 때도 있지만, 모든 것을 메모장에 적기에는 그 기능이 한정적입니다. 디자인 업무 특성상 스케치를 하는 경우가 많아 메모장으로 모든 것을 기록할 수 없습니다. 패드나 탭과 같은 전자기기도 선호하지 않습니다. 펜슬의 배터리 문제, 잘못된 터치로 인한 기록 삭제 등 다양한 변수가 존재하기 때문입니다.

먼저 출근한 후 업무 일지를 펴서 해당 날짜를 상단에 적습니다. 그리고 노트를 닫지 않고 열어둔 채로 둡니다. 이제부터는 회사에서 일어난 업무적인 모든 일을 기록하는 것입니다. 예를 들어, 누군가가 나에게 지나가는 말로 했던 부탁, 회의 내용, 아이디어, 디자인 스케치, 업무하면서 내가 배운 것들 등 문서로 만들어지지 않은 것들을 최대한 적습니다. 업무 내용이 메신저나 메일과 같은 전자로 기록되는 경우도 있지만, 현장에서 구두로 변경되는 사항들도 있고, 이견 조율을 하는 경우도 생깁니다. 이럴 경우 반드시 그 내용들을 기록해 놓아야 추후에 다시 복기할 수 있습니다. 퇴근 전 또는 업무 시작 전 하루 동안 기록한 업무의 내용들을 토대로 해야 할 일 리스트를 만듭니다. 그리고 리스트 중에서 중요도와 우선순위를 정리합니다. 우선순위가 높으며 중요한 업무는 오전에, 중요하지만 우선순위가 낮은 업무는 오후에 진행하는 편이었습니다. 이렇게 업무 일지를 작성하다 보면 업무의 전반적인 흐름을 잡을 수 있으며 업무 시간을 효율적으로 활용할 수 있습니다.

효율적으로 파일 정리하기

"Untitle_1"

이 단어가 너무 익숙하다면 반드시 이 부분은 꼭 실행해야 합니다. 파일을 저장할 때 별도의 이름을 지정하지 않으면 'Untitle' 또는 '무제'로 저장이 됩니다. 어쩌다가 한두 개의 파일을 저장한다면 이렇게 저장해도 되지만, 하루에도 몇 개의 디자인 파일을 저장해야 하는 디자이너는 효율적인 업무를 위해 파일에 이름을 붙여 저장해야 합니다. 파일명만 보아도 특징을 알 수 있게 파일명을 지정해 주어야 파일을 하나씩 열어보는 사태가 일어나지 않습니다 저장할 때두 '프로젝트명'으로만 저장하지 말고, '프로젝트 _ 배너(outline)' 이런 식으로 프로젝트와 작업 내용, 그리고 Outline이 되어 있는지 한눈에 확인할 수 있도록 좀 더 자세히 작성합니다. 파일 이름을 지정하는 것을 자주 잊어버린다면 작업하기 위해 파일을 생성하자마자 바로 파일을 저장하는 습관을 가져야 합니다. 이렇게 하면 이름을 미리 작성할 수 있을 뿐 아니라, 작업 중간중간 바로 저장할 수 있어 더 효율적입니다.

파일에 이름을 저장했다면 이제 파일들을 정리할 차례입니다. 파일을 정리하지 않으면 파일을 전달할 때 해당 파일을 찾느라 허투루 시간을 쓸 것입니다. 파일을 정리하는 기준에는 정해진 답이 없습니다. 개인마다 정리하는 방식도 천차만별이고, 기준도 모두 다르죠. 저 같은 경우는 프로젝트나 거래처 기준으로 먼저 분류합니다. 그 안에 작업했던 내용들을 분류합니다. 수정 사항이 있다면 기간별로 폴더를 정리하는 것이 좋습니다. 저의 폴더 일부를 보여드리겠습니다.

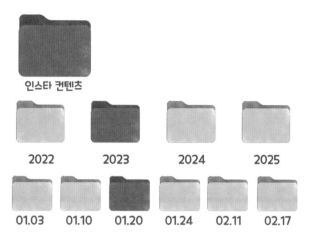

▲ 시간, 날짜를 기준으로 폴더 분류

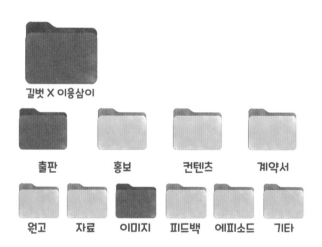

▲ 프로젝트, 카테고리 분류 기준으로 폴더 정리

이렇게 분류를 해두면 파일 요청이 들어왔을 때 손쉽게 파일을 찾을 수 있고, 추후 포트폴리오를 만들 때 작업물을 모아둔 아카이브로 활용할 수 있습니다.

소스 모아두기

디자인 작업을 하다 보면 질감, 브러시, 이미지, 자막 등 다양한 소스들이 필요합니다. 이러한 소스들을 다운로드 폴더에만 넣어두면 안 됩니다. 원하는 소스를 바로 사용할 수 있도록 디자인 소스를 카테고리로 정리해 놓으면 빠르게 찾을 수 있습니다. 그리고 파일을 찾지 못해 또다시 소스들을 찾기 위한 검색의 시간을 사용하지 않아도 됩니다. 또한, 비용적인 측면에서도 이 작업은 필요합니다. 일정한 금액을 주고 지급한 소스들은 물론이고 무료 소스도 정리해 두어야 합니다. 무료 소스들도 다시 사용하려고 찾아보면 유료로 전환된 경우도 종종 있기 때문입니다. 소스들을 모아두면 시간과 비용 모두 절감할 수 있습니다. 대신 구매한 파일들은 개인 소장만 하고 있어야 합니다. 파일을 구매하지 않은 타인에게 배포하는 것은 저작권에 위법한 행위이기 때문입니다.

발주서 작성하기

디자인 업무를 할 때 제일 중요하다고 생각되는 부분 중 하나입니다. 디자인을 한 후, 발주할 때 보통 회사 법인 카드를 이용하여 구매한 후 결제서와 함께 영수증을 제출하거나 전자로 처리하는 과정을 거칩니다. 디자인팀이 아닌 이상, 결제확인서에 중요한 부분은 단가와 비용일 뿐입니다. 하지만, 디자이너라면 그 외의 자료들을 데이터로 정리해야 합니다. 인쇄물 제작을 위해 발주를 넣는다면 인쇄 종류, 종이 종류, 단가, 별색 사용 여부 등을 정리하고 디자인 파일과 인쇄 작업물 샘플을 보관하는 것이 필요합니다. 인쇄 종류와 종이에 따라 디자인 파일과 비슷한 색감이 표현되었는지, 별색이 꼭 필요했는지 등을 확인할 수 있기 때문이죠. 일종의 샘플 백이 될 수 있습니다. 이렇게 모아둔 발주서와 샘플들은 인쇄 주문 시 좋은 자료가 됩니다. 또한, 예산이 한정되어 있을 때 단가에 맞출 수 있는 종이를 데이터로 알 수 있습니다. 그리고 단가가 저렴한 거래처, 좋은 품질이 보장된 거래처, 가장 빠르게 발주 할 수 있는 거래처 등 거래했던 거래처에 대한 정보를 함께 기재해 놓으면 상황에 따라 원하는 곳에 발주할 수 있습니다. 샘플과 발주서를 정리해서 보관하는 게 당시는 꽤 귀찮은 일이지만 분명 큰 자산이 되기 때문에 오늘부터라도 시작하는 것이 좋습니다!

레퍼런스 분류 및 분석하기

디자이너라면 핀터레스트, 비헨스 등과 같은 디자인 레퍼런스를 모아둔 사이트를 하루에도 몇 번 방문합니다. 사이트 내에서 이미지를 저장할 때도 기준 없이 저장하지 말고, 프로젝트별, 또는 디자인 스타일에 따라 분류하여 저장하는 것이 좋습니다. 이렇게 모은 레퍼런스들은 저장만 해두지 말고 시간이 된다면 분석하는 습관을 들이는 것이 좋습니다. 프로젝트에 필요한 여러 레퍼런스들을 찾았다면, 그중에서 가장 프로젝트와 부합하는 레퍼런스 3가지를 뽑고 어떤 점들이 선택의 기준이 되었는지 분석합니다. 그리고 디자인적 요소들이 어떻게 배치되었는지 공부하는 것도 좋습니다.

신입 디자이너 때 레퍼런스를 찾는 것에서 회의를 느끼는 분들이 있습니다. 레퍼런스를 보지 않고 바로 작업할 수 있어야 한다고 생각하기 때문입니다. 하지만, 연차가 많아질수록, 경험이 많을수록 더 많은 레퍼런스 자료들을 가지고 있습니다. 레퍼런스는 디자인 작업을 위한 참고 자료도 되지만, 가장 빠른 소통방법이기 때문입니다. 디자인에 대해 잘 모르는 사람도 이미지를 보면서 분위기, 느낌을 읽을 수 있습니다. 클라이언트와 소통할 때, 개념적인 단어들(비비드, 파스텔톤, 모던한, 실험적인)을 사용하면서 이미지를 함께 보여주는 것이 훨씬 효과적입니다. 간혹 클라이언트가 '따뜻한 아이스 아메리카노' 같은 작업물을 요구할 때 '레퍼런스'가 있다면 클라이언트의 의도를 직관적으로 이해할 수 있습니다. 또는 디자인 기획서 피드백을 받을 때 레퍼런스를 이용하는 것이 좋습니다. 기획안이 확정되지 않은 시안들을 하나하나 만들기에는 시간이 많이 들기 때문에 표현하고자 하는 것이 나타난 레퍼런스들을 첨부하는 것이 좋습니다.

레퍼런스는 말 그대로 '참고 자료'입니다. 레퍼런스를 찾을 때 주의해야 할 점은 기준이 없이 레퍼런스를 찾다 보면 내가 이야기하고자 하는 디자인의 색은 빠지고 레퍼런스만 남게 됩니다. 즉, 모방이나 표절이 되죠. 이를 방지하기 위해서는 기획 단계에서 충분히 자신이 표현하고자 하는 것들을 생각하고 스케치해야 합니다. 그리고 레퍼런스를 참고하여 디자인 할 때는 A+B=C의 법칙을 따라야 합니다. A라는 레퍼런스에서 참고하고자 하는 것, B라는 레퍼런스에서 참고하고자 하는 것을 내가 표현하고자 하는 디자인에 잘 녹여서 새로운 C를 만드는 것이 중요합니다.

업무시간을
줄여주는
꿀팁

인스타그램 디엠으로 비전공자분들의 고민을 받게 됩니다. 가장 많은 고민의 주제는 디자인해야 하는가에 대한 고민이었고, 두 번째는 업무 적응에 대한 고민이었습니다. 일을 하다 보면 실력도 중요하지만 그만큼 마감 기간도 중요합니다. 기간 내에 끝내야 하므로 손이 느리거나 시간이 부족하면 야근해서라도 업무를 끝내야 합니다. 처음에는 적응하지 못해 속도가 느린 것으로 생각하지만, 점점 시간이 흘러도 똑같다면 업무시간을 줄이기 위한 노력을 해야 합니다. 사람마다 상황마다 그 원인은 모두 다릅니다. 다양한 원인과 이에 대한 해결 방안을 참고하여 업무의 속도전에서 살아남길 바랍니다.

디자인 외 업무시간을 줄여라

디자인하는 시간보다 혹시 다른 일에 시간을 빼앗기고 있지는 않은지 먼저 생각해야 합니다. 회사에 따라 다르겠지만, 디자이너는 디자인 제작 작업만 하지

125

않습니다. 조사, 회의, 보고, 결제확인서, 상품등록, 발주, 디자인 작업물 배치 등 생각보다 다양한 일들을 처리해야 합니다. 디자인 이외의 다양한 업무를 처리하는 과정에서 불필요한 부분들을 줄여 디자인 시간을 더 확보하는 방법이 있습니다. 저는 상품 이미지와 상품을 포털 사이트에 등록하는 업무를 같이 작업했습니다. 이때 상품 등록을 엑셀로 번호별로 기재하고, 썸네일도 번호별로 정렬해야 하는 작업을 주 4회 정도 반복적으로 처리했습니다. 반복적인 작업이라 리스트의 변동이 없을 경우는 상관이 없지만, 프로모션에 따라 리스트 변동이 필요하고 이때마다 상품번호를 달리해야 하므로 처음부터 다시 리스트를 기재해야 했습니다. 한 프로모션에 최소 80종이 넘는 리스트를 만들어야 하므로 그 시간이 절대 짧지 않았습니다. 이 문제를 해결하기 위해 엑셀과 인디자인 프로그램을 사용했습니다. 미리 상품 정보를 리스트화 해놓고, 상품 리스트를 넣으면 자동으로 상품 앞에 순서대로 번호가 기재되도록 엑셀을 세팅했습니다. 그리고 썸네일의 번호도 각각 수정하지 않고, 인디자인의 넘버링 기능을 사용해서 드래그하여 순서를 바꾸면 자동으로 번호가 바뀌도록 세팅했습니다. 이렇게 엑셀과 인디자인 같은 프로그램이 아니더라도 업무 시간을 줄여줄 프로그램을 사용하거나, 반복되는 업무를 자동으로 처리할 시스템을 제안하는 것도 방법입니다. 문제는 하나지만 해결하는 방식은 다양하므로 본인에게 맞는 업무 자동화 환경을 만들어 보세요.

디자인 툴부터 켜지 말아라

일을 시작하려고 자리에 앉자마자 포토샵, 일러스트레이터와 같은 디자인 툴부터 실행한다면 이 습관부터 고쳐야 합니다. 아무리 그림을 잘 그리는 화가라고 하더라도 아이디어 없이 바로 캔버스 앞에 앉아서 물감을 칠하지 않습니다. 먼저 본인이 그리고자 하는 대상을 계속 관찰합니다. 다른 종이에 스케치하고 스케치

합니다. 어느 정도 윤곽이 잡히면 이제 캔버스에 작품 스케치를 그리고, 그 뒤 물감으로 붓질을 합니다. 디자인도 마찬가지입니다. 아무런 생각 없이 디자인툴을 켜면 흰 도화지를 채워야 한다는 강박증만 생길 뿐입니다. 결국 오브젝트들을 넣다, 뺐다 반복하고, 뒤로가기를 반복할 뿐입니다. 프로젝트가 시작되면 주제에 관한 정보들을 조사합니다. 이렇게 모은 정보와 경험, 통찰을 잘 녹여 어떻게 표현할지 기획합니다. 탄탄한 기획은 디자인 작업 시간을 줄여줍니다. 컨셉, 레이아웃, 컬러 등을 정하고 디자인 툴을 실행하여 작업합니다. 이전에는 흰 도화지만 존재했지만, 이제는 내가 표현해야 할 것들이 명확하게 존재해 그것들을 툴로 그리기만 하면 됩니다. 디자인을 시작하기 막막하거나, 흰 화면만 보면 아무 생각이 들지 않는 분들이라면 반드시 자료조사, 레퍼런스 참고, 기획, 스케치 단계를 거친뒤 작업에 들어가는 과정을 지키는 것이 중요합니다. 디자인 스케치를 한다고 거창하게 생각할 필요는 없습니다. 사각형이나 원형으로만 표현하는 분들도 있습니다. 무엇을 어떻게 표현할지 덩어리로 나타내는 것이 중요합니다.

툴에 대한 연습도 중요하다

아무리 시간을 줄여도 툴에 대한 부분이 익숙해지지 않으면 그만큼의 시간이 소요됩니다. 툴은 익숙해질 때까지 연습하는 것이 중요합니다. 단축키를 사용하는 습관을 길러 조금의 시간을 줄이는 것도 방법입니다. 툴 프로그램도 업데이트할 때마다 더 편리한 기능들이 제공되고 있습니다. 예전에는 일러스트레이터에서 사각형을 만들고 둥근 모서리를 주기 위해서는 팝업창을 열고 숫자를 기재해야 했습니다. 지금은 편리하게 선택 툴을 이용하여 드래그로 라운드 값을 변경할 수 있습니다. 이렇게 이전에는 번거로웠던 부분들이 계속 개선되고 있고, 새로운 기능들이 추가됩니다. 이러한 정보를 알고 있는 사람들은 그 기능을 십분 활용하겠지만, 모르는 사람들은 사용하지 못하는 상황이 생깁니다. 프로그램이 업데이트 된다면 업데이트된 부분을 확인하여 툴을 적극적으로 활용하길 바랍니다.

업무량을 확인해 봐라

툴도 익숙하고 다른 업무들의 시간을 줄여도 업무시간이 부족하다면 업무량을 확인해 봐야 합니다. 시간 내에 끝내지 못할 양이라면 아무리 노력해서 시간을 줄이더라도 마감 시간을 지키지 못할 것입니다. 자신이 하루에 했던 업무들을 리스트하여 체크해 보세요. 업무가 많다면 반드시 이에 대한 개선 방안을 상사나 대표님과 이야기하고 업무량 조절을 요구해야 합니다. 소화할 수 있는 양보다 많은 양을 소화하려고 하면 일에 대한 능률과 관심이 오히려 감소하여 회사 입장에서도 좋지 않고, 업무에 대한 스트레스로 번아웃이 올 수 있습니다. 아무리 디자인 일이 속도전이라고 해도 무리해서 모든 양을 처리하려고 하면 어느 한 곳이 고장 날 뿐입니다.

올바른
피드백을 위한
기획서

'디스라이팅'이라는 말을 들어본 적이 있나요? 디자인과 가스라이팅을 합친 단어로 피드백할 때 수정사항과 좋은 부분을 명확하게 이야기하지 않고, 본인의 개인적 취향과 논리적이지 않은 말로 피드백을 하는 것을 뜻합니다. 디자이너에게 피드백은 숙명이기 때문에 이 과정을 피할 수는 없습니다. 하지만, 올바른 피드백이 아닌 디스라이팅과 같은 불만 사항은 분명한 이유가 없어 그 이유를 자신에게 돌려 자신감을 잃거나, 상대에 대한 반감을 품게 되어 반항적인 태도로 나타날 수 있습니다. 이러한 결과는 성장에 전혀 도움이 되지 않습니다. 이러한 주관적이고 비논리적인 판단을 피하기 위해서는 일종의 '가이드'를 제공해야 합니다. 해당 디자인이 나오기까지의 과정, 즉 아이디어, 자료조사, 컨셉 등을 상대에게 제공합니다. 이를 우리는 디자인 기획서라고 부릅니다. 디자인 기획서가 올바른 피드백을 끌어낼 수 있는 이유는 상대에게 미리 기준을 제공했기 때문입니다. 사람들은 본인이 들은 것에 대해서만 생각합니다. 기획서가 없었다면 자기 생각을 기준으로 이야기하겠지만, 기획서를 제공하면서 요소들의 이유가 제공되었을 때는 그 이유에 대해 생각하게 됩니다. 상대방은 결과물만을 보고 있으므로 디자인 과정을 함께 보여주어야 그 과정에서 도출된 이야기들을 따라잡을 수 있습니다.

디자인 기획서 작성 전 파악하기

디자인 기획서는 프로젝트가 전하고자 하는 내용, 목적을 디자인으로 시각화하는 과정을 상대에게 설명하는 보고서입니다. 디자인 기획서를 작성하기 전에 아래 항목이 파악되었는지 먼저 생각해 볼 필요가 있습니다. 모든 디자인은 '목적'이 있습니다. 포크는 고체의 음식물을 정확하게 집어 먹기 위해서 뾰족한 삼지창의 모양으로 디자인되었습니다. 반면, 숟가락은 액체의 음식물을 떠먹기 위해 옴폭하게 파이 둥근 모양으로 디자인되어있습니다. 만약 스푼이 평평한 동그라미 모양이었다면 그 목적을 달성하지 못하고 실패한 디자인이 됩니다. 디자인의 목적은 디자인의 모든 것을 결정하게 됩니다. '호텔에서 휴식을 위한 숙면 프로모션을 홍보'한다는 목적을 예시로 진행해 보겠습니다. 목적은 명확하지만, 디자인을 위한 세부 정보가 빠져있는 상태입니다. 정보를 습득하기 위해 가장 많이 사용하는 육하원칙을 사용하여 목적을 완성해 보겠습니다.

디자인의 목적: 호텔에서 휴식을 위한 숙면 프로모션을 홍보

• 언제(When): 목적이 진행되는 시기는 언제인가?

→ 11월부터 2월 겨울 시즌에

대부분 시장은 한 시즌 앞서 제품을 만듭니다. 소비자들에게 전달되었을 때 계절감을 맞추기 위해서죠. 그만큼 시기는 중요합니다. 봄, 여름, 가을, 겨울이 있는 한국에서는 계절감에 더욱 신경 씁니다. 스파시설을 홍보할 때도 여름에는 시원한 수영복 차림에 물놀이를 강조하지만, 겨울에는 따듯한 온천 시설을 즐기는 모습을 이미지로 사용합니다. 같은 내용이라도 계절감에 따라 강조하는 이미지가 달라집니다. 설, 추석, 크리스마스 등 각종 연휴와 이벤트에 따라 이미지 선택을 맞춰야 합니다. 5월은 어린이날, 어버이날, 부부의 날이라는 가정 중심의 기념일이 많아 가정 중심의 마케팅이 주를 이룹니다. 시기에 따른 이미지를 선택하는 것이 중요합니다. 시간 또한 중요합니다. 낮, 밤에 따라 표현하고자 하는 이미지가 달라지기 때문에 이 점도 참고해야 합니다.

- 누가(Who) : 대상이 누구인가?
→ 호텔을 이용하는 1인 투숙객 중에

디자인할 때 간과하는 부분 중 하나는 '소비자'입니다. 디자인을 만드는 사람이나 피드백을 받는 사람이 아닌, 디자인을 접하는 소비자를 기준으로 디자인 방향을 잡아야 합니다. 흔히 '타깃설정이 잘못되었다.'라는 평을 받는 콘텐츠들이 있습니다. 대상에 따라 디자인의 요소들도 달라집니다. 20대를 타깃으로 한 디자인과 60대를 타깃으로 한 디자인에는 차이가 있습니다. 폰트 크기, 선호하는 컬러, 중요하게 여기는 가치, 세대의 유행어 등 고려해야 할 부분들이 많습니다. 나이뿐만 아니라 집단에서도 마찬가지입니다. 가족을 대상으로 하는가, 기업을 대상으로 하는가, 학생들을 대상으로 하는가에 따라 디자인의 흐름은 바뀌게 됩니다.

- 어디서(Where) : 목적이 진행되는 장소는 어디인가?
→ 강남에 위치한 비즈니스 호텔에서

장소에 따라 분위기와 이미지는 크게 달라집니다. 예를 들어 한강에서 진행되는 뮤직 페스티벌과 워터파크에서 진행되는 뮤직 페스티벌은 서로 다른 분위기를 가지고 있습니다. 한강에서 열리는 뮤직 페스티벌은 시원한 바람과 함께 자연 친화적인 분위기를 자랑하고, 워터파크에서 열리는 뮤직 페스티벌은 수영장과 워터슬라이드 등을 갖춘 휴양지 분위기를 자랑합니다. 이처럼 브랜드에서 팝업 스토어를 개최할 때도 그 장소의 분위기를 고려해 디자인을 제작합니다. 이를 통해 소비자들은 브랜드의 이미지와 함께 그 장소만의 느낌을 더욱 즐길 수 있습니다.

- 무엇을(What): 목적이 전달하는 내용은 무엇인가?
  → 숙면 키트(아로마 오일+스페셜티+수면 안대, 양말)+개인 스파 무료 이용
  +레이트 체크아웃, 조식 제공

디자인의 메시지는 주제에 따라 우선순위가 결정됩니다. 예를 들어, 같은 의류 상품이라도 옷의 디자인이 중요한 경우 제품 이미지와 그에 어울리는 배경이 있는 레이아웃을 구성하여 강조합니다. 이렇게 함으로써 제품을 더욱 매력적으로 만들어 소비자의 관심을 끌고, 구매를 유도할 수 있습니다. 또한, 세일을 강조하는 경우 옷보다는 세일 문구가 눈에 띄는 레이아웃을 구성하여 강조합니다. 이를 통해 소비자들에게 특별한 할인 혜택 정보를 제공하고 구매로 이어지도록 행동 유도를 합니다. 따라서 디자인은 전하고자 하는 메시지와 강조하고자 하는 점에 따라 다르게 결정되며, 제품의 매력을 높이고 판매를 촉진하는 역할을 합니다.

- 어떻게(How): 어떤 방식으로 목적을 이룰 것인가?
  → 홈페이지, 메일, SNS

디자인을 어떻게 보여줄지는 기획한 컨셉과 타깃을 고려해야 합니다. 타깃이

대상의 주변에 분포한다면 전단지·포스터와 같은 오프라인 제작물을 만들어서 홍보하는 방식을 선택할 수 있습니다. 이러한 방식은 타깃이 더 쉽게 접근할 수 있으며, 제작물을 직접 보면서 더 많은 정보를 얻을 수 있습니다. 또한, 오프라인 제작물은 타깃이 자연스럽게 접할 수 있는 장소에 배치하여 노출도를 높일 수 있습니다. 그러나 타깃이 멀리 있다면 온라인으로 홍보하는 것이 좋습니다. 이 경우 오프라인 대신 웹사이트나 소셜미디어를 활용하여 세부 정보를 더욱 상세하게 제공할 수 있습니다. 또한, 온라인에서 홍보하면 지리적 제한이 없기 때문에 더 넓은 타깃에게까지 광고할 수 있습니다.

- 왜(Why): 왜 진행하는가, 디자인은 어떤 결과를 유도하는가?
  → 프로모션 구매

목적이 있다면 어떠한 결과가 따릅니다. 디자인은 그 목적의 결과를 유도하기 위한 수단입니다. 고속도로 색깔 유도선은 현재까지 많은 운전자들의 찬사를 받고 있습니다. 분기점에서 헷갈려서 길을 다시 찾느라 시간을 허비하거나, 그 과정에서 교통사고가 일어나는 문제가 있었습니다. 이러한 문제를 해결하기 위해 색깔 유도선이 디자인되었고, 분기점에서 교통사고가 31% 감소하였습니다. 디자인은 결과적으로 그 의도에 맞는 역할을 할 때 의미가 있습니다.

디자인 기획서 작성하기

디자인의 목적이 파악되었다면 이를 토대로 기획서를 작성합니다. 디자인 기획서를 작성할 때 주의해야 할 점은 읽는 상대방을 고려해야 한다는 점입니다. 조사한 모든 내용을 담아내려고 하기보다는 필요한 내용을 논리적으로 구성하여 전달하는 것이 좋습니다. 그러기 위해서는 원인부터 설명하지 않고 결과를 먼저 설명하고 그 이유를 전달하는 것이 좋습니다. 기획서에 레퍼런스도 함께 첨부하여 소통의 오류가 없이 진행되도록 합니다. 위의 내용을 토대로 기획서를 작성해 보겠습니다. 학계에서는 수많은 디자인 프로세스가 개발되어 있지만 간략하게 그 과정들을 설명하자면 다음과 같습니다.

데이터 수집 → 분석 → 아이디어 도출 → 시각화 → 피드백

앞서 조사와 분석이 완료된 자료들을 가지고 이제는 '시각화'하기 위한 디자인 프로세스를 거쳐야 합니다. 시각화 단계에도 다양한 방법과 방식들이 있습니다. 그 과정에서 공통점은 개념을 시각화할 때 '공감'되어야 한다는 점입니다. 대중들이 일반적으로 공감해야 한다는 이야기죠. '따듯하다'라는 개념을 시각적으로 떠올려 봅시다. 가족, 햇살, 빨간색, 노란색, 행복 등등 다양한 이미지가 떠오릅니다. 만약 '화난 표정'을 떠올린 분들이 있을까요? 아마, 거의 없을 겁니다. 이렇듯 어떤 개념과 시각적 이미지가 대중적으로 일치해야 합니다. 대부분 일치하는 이미지를 사용하지만, 정반대의 이미지를 사용하는 경우도 있습니다. 이 경우에는 '공감'보다는 '연결', '메시지'가 중요하게 됩니다. 현대카드에서 '디지털'을 시각화하는 과정에서 '레트로'를 택했습니다. 보통 '디지털' 하면 미래 지향적으로 우주, 로봇, 과학 등의 이미지가 떠오릅니다. 겉으로 보기에는 전혀 어울리지 않는 것 같지만, 요소 하나의 공통적인 연결점을 찾았습니다. 복고의 이미지에서 사람들이 명령을 수행하는 듯한 규칙적인 모습이 반도체 소재의 특징과 비슷하게 보였기 때문입니다. 이렇듯 개념을 시각화하는 과정에는 다양한 표현들이 있습니다. '어떻게 표현하는가.'에 집중하는 것, 육하원칙으로 도출해 낸 목적들을 어떻게 표현하면 좋을지 고민하는 단계가 디자인 기획 단계입니다.

- 언제(When) : 목적이 진행되는 시기는 언제인가?
→ 11월부터 2월 겨울 시즌에

호텔에서 휴식을 위한 숙면 프로모션을 홍보하는 목적의 시기는 11월부터 2월인 겨울 시즌, 수면을 위한 밤 시간대를 이야기하고 있습니다. 12월의 연휴와 1월의 신정이 있지만, '숙면'과 직접적인 연관이 없으므로 배제하는 것이 좋습니다.

- 누가(Who) : 대상이 누구인가?
→ 호텔을 이용하는 1인 투숙객 중에

호텔을 이용하는 1인 투숙객은 커플, 가족과는 달리 개인적 업무를 위해 호텔을 이용하는 경우가 많습니다. 연령대도 20대보다는 30~40대가 주를 이루고 있습니다. 키치하고 발랄한 스타일보다는 클래식한 스타일로 가는 것이 좋습니다. 프로모션을 이용하면 숙면을 취할 수 있을 것 같은 신뢰감을 주어야 하기 때문입니다. 또한 1인 숙박은 흔하지 않기 때문에 '1인 맞춤형 휴식'과 같은 부분은 강조하는 것이 좋습니다.

- 어디서(Where) : 목적이 진행되는 장소는 어디인가?
→ 강남에 위치한 비즈니스호텔에서

강남에 위치한 비즈니스호텔의 주 고객층은 비즈니스 차 한국을 방문한 외국인이나 타지역에서 업무를 위해 방문한 직장인이 주를 이루고 있습니다. 업무에 지친 사람들에게 쉼을 제공하는 호텔의 서비스 정신을 반영하여 세련되고 깔끔한 디자인을 컨셉으로 정합니다. 또한 주변에 경쟁사가 많은 만큼 우리만의 차별점을 가져야 합니다. 경쟁사의 비슷한 프로모션들을 조사하고, 사례들을 알아보는 것이 좋습니다. 보통 비즈니스호텔에서는 개인 스파가 제공되지 않는 점을 강점으로 삼고, 스파에 대한 이점을 소개하는 것도 차별화가 됩니다.

- 무엇을(What): 목적이 전달하는 내용은 무엇인가?
→ 숙면 키트(아로마 오일+스페셜티+수면 안대, 양말)+개인 스파 무료 이용
 +레이트 체크아웃, 조식 제공

일반 투숙객에게는 제공되지 않는 숙면 키트, 개인스파 무료 이용, 레이트 체크아웃과 같은 부분들은 업무에 지친 고객들에게 매우 중요한 사항입니다. 그렇다면, 이러한 부분들을 강조하는 방법은 어떻게 해야 할까요? 일반적인 텍스트와 같은 디자인으로 진행된다면 구분이 어려울 수 있습니다. 따라서 이러한 부분들은 다른 내용들과 달리 컬러 박스 안에 내용을 비치하여 강조하는 방법을 사용하는 것이 좋습니다. 하지만, 대비가 강해 너무 튀지 않도록 주의해야 합니다. 이를 통해 고객들이 주목하고 기억하기 쉬운 요소로 만들어 줄 수 있습니다.

- 어떻게(How): 어떤 방식으로 목적을 이룰 것인가?
→ 홈페이지, 메일, SNS

강남에 위치한 이 호텔은 상권과 관광지가 발달하여 외부인의 유입이 높습니다. 이를 고려하여 다양한 방법으로 홍보를 진행하는 것이 효과적입니다. 예를 들어, 호텔 웹사이트나 여행 예약 사이트에서 서비스를 소개하는 것은 구매할 가능성이 큰 타깃들에게 호감을 끌 수 있습니다. 또한, 고객 관리를 위해 기존 고객들에게 메일로 서비스를 홍보하는 것도 좋은 방법입니다. 이를 통해 고객들은 호텔

과의 관계를 유지할 수 있으며, 추후 다시 방문할 가능성도 커집니다. 더불어 SNS 를 활용하여 신규 고객을 유입하는 방식도 고려해 볼 수 있습니다. 이를 통해 호텔 의 인지도를 높이고, 많은 고객이 방문할 수 있도록 노력해 보세요.

• 왜(Why) : 왜 진행하는가, 디자인은 어떤 결과를 유도하는가?
→ 프로모션 구매

프로모션 구매를 촉진하기 위해 다양한 방법을 사용할 수 있습니다. 고객들 이 프로모션을 인지할 수 있도록 많은 정보보다 핵심적인 문구만 사용합니다. 그 리고 관심이 생긴다면 자세히 알 수 있도록 별도의 내용 또한 기재합니다. 예매하 기 버튼을 상단에 넣어 별도의 행동 없이 편리하게 예매사이트로 넘어갈 수 있도 록 클릭을 유도합니다.

기획팀이 있는 경우 조사한 내용들을 넘겨주면 그 자료들을 토대로 디자인 기획서를 작성하면 됩니다. 하지만, 프로젝트 기획 단계부터 시작해야 하는 경우 도 많습니다. 기획팀이 없는 경우에는 조사한 내용들을 기반으로 조직을 구성할 필요가 있습니다. 이를 위해서는 프로젝트의 목적과 목표를 명확히 하고 그에 따 른 기획서를 작성해야 합니다. 이 과정에서는 프로젝트의 범위를 정하고 필요한 리소스와 예산을 계획할 필요가 있습니다. 디자인 기획서를 작성하는 것은 이후 단계에서 이루어지므로, 기획은 모든 업무에서 가장 기초적이며, 기획이 탄탄할 수록 프로젝트 진행이 쉬워집니다. 따라서, 프로젝트 기획은 프로젝트 진행에 있 어서 가장 중요한 부분 중 하나입니다. 육하원칙에 의해 정리된 내용을 디자인이 잘 보이도록 다음과 같이 기획서로 작성합니다.

[디자인 기획서]

목적

호텔에서 휴식을 위한 숙면 프로모션 홍보

대상

호텔 내 1인 투숙객 – 비즈니스를 위해 방문한 3040
=> 키치한 일러스트보다 실사 이미지를 이용한 클래식한 디자인 필요

컨셉

개인의 숙면을 위한 편안하고 프라이빗한 힐링 프로모션
=> 보통 비즈니스 호텔에는 없는 개인 스파 강조하는 이미지

컬러

밤의 숙면을 나타내는 짙은 바이올렛 컬러

디자인 무드보드 / 스케치 / 레퍼런스

  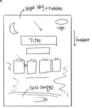

디자인이 전체적으로 어떠한 분위기를 가지고 있는지
무드보드를 작성하여 제작하려는 디자인의 느낌을 전달합니다.
레퍼런스는 같은 업종 타사 레퍼런스,
같은 주제의 레퍼런스 이미지를
비교해서 보여주면 필요한 부분이 더 잘 보입니다.
간단한 스케치도 준비하면 좋습니다.

[디자인 기획서]

어플리케이션
- 홈페이지 프로모션 상세페이지
- SNS 카드뉴스
- 호텔 비치용 포스터
- 프로모션 쿠폰 (스파 이용권, 조식 이용권)
- 숙면 키트 파우치

일정
11월 9일 디자인 스케치 전달

11월 11일 1차 디자인 피드백

11월 19일 2차 디자인 피드백

11월 23일 어플리케이션 제작 및 발주

12월 7일 프로모션 세팅 준비 완료

비고사항
상세페이지에 들어갈 이미지 촬영 스케쥴 조율
: 스파, 숙면 키트, 조식 이미지

기획서를 작성하다 보면 자연스럽게 디자인의 방향이 정해지는 것을 느낄 수 있습니다. 그리고 하나의 작업물만 있지 않은 경우 키 디자인의 시안을 정한 후 세부 사항들을 디자인하면 시간도 절약할 수 있습니다. 평소 업무에서도 활용하여 디자인에 이유와 목적을 부여하고, 올바른 피드백을 받아 더 나은 성장을 하는 과정을 반복해야 합니다. 기획서를 한번 잘 쓴다고 통달한 것은 아니기 때문입니다. 프로젝트마다 성격과 목적이 다를 수 있기 때문에 프로젝트마다 기획서를 작성하여 아카이브 하는 것이 좋습니다.

사수 없는
신입이
살아남는 법

인하우스 회사에서 사수가 없다는 것은 다른 팀들은 팀장, 대리, 사원이라는 직급의 질서가 존재하지만, 저는 디자인팀에서 홀로 살아남는다는 뜻입니다. 업무적인 부분도 힘들었지만, 가장 힘들었던 것은 타팀과 교류를 할 때 나를 막아줄 사람이 없다는 점이었습니다. 사수 없는 신입사원이 그곳에서 살아남을 수 있던 방법은 '나 자신을 지키는 법'을 익혔기 때문입니다. 나 자신을 지킨다고 해서 회사 동료들에게 예의를 지키지 않거나, 무시하라는 것은 아닙니다.

디자인 기획서 공유하기

디자인 자체가 보기에 아름답고 예쁘게 만들어졌다고 해도, 원래 목적 또는 전달하고자 하는 바가 다르면 그 디자인은 성공하지 못한 디자인입니다. 프로젝트들을 진행하면서 기획 의도를 파악하지 못해 수정해야 하는 경우가 종종 생기기도 했습니다. 이러한 문제점을 제거하고자 모든 팀의 '기획 회의'에 참여했습니

141

다. 전체적인 흐름과 함께 말하고자 하는 바를 파악하는 것이 중요하기 때문입니다. 당장은 회의에 참석하는 시간만큼 업무시간도 줄어들지만, 전체적인 흐름을 파악하면 디자인하는 시간도 줄어들게 됩니다. 반대로 흐름을 파악하지 못하고 디자인하게 되면 수정으로 인한 시간이 더 많이 소요됩니다.

프로젝트의 전체적인 방향과 목적을 파악했다면 이를 토대로 디자인 기획서를 작성하여 관련 부서에 전달합니다. 디자이너가 아니더라도 누구든지 시각적인 인식이 가능하면, 결과물에 대해 의견을 제시할 수 있습니다. 다만, 그 의견의 기준이 본인의 취향이나 느낌이 되지 않도록 '가이드라인'을 제시하는 것이 우리의 몫입니다. 디자인 기획서는 앞서 말했던 '피드백의 기준'이 됩니다. 회의 때는 전체적인 흐름을 조정하고, 디자인 기획서를 통해서는 디자인의 흐름을 조정하게 됩니다. 간혹, 이러한 조정의 시간이 불편하거나, 심적으로 힘들어서 회피하려는 사람들도 있습니다. 과정에서의 '소통'이 있어야 완성된 결과물에서 탈이 없게 됩니다. 그렇기 때문에 수정 사항, 확인 사항, 논의 사항들이 생기면 반드시 관련 부서 사람들과 소통해야 합니다.

기획 회의와 디자인 기획서 전달 과정을 통한 두 번의 논의 이후 들어오는 수정 사항에는 제한을 둡니다. 수정에 제한을 두지 않으면 언제든지 수정할 수 있다고 받아들여지게 되어 상대는 꼼꼼한 피드백이나 확인을 하지 않게 됩니다. 프리랜서로 활동하는 디자이너분들도 클라이언트와 계약할 때 수정 횟수를 기재합니다. 그 외의 수정은 건당 일정 금액으로 지불해야 하죠.

디자인 요청서 만들기

　사수가 없으면 겪는 또 다른 문제 중 하나는 스케줄 조정입니다. 디자인팀은 다른 팀들의 기획을 받아 아웃풋(작업물)을 만들어야 하는 상황에서 긴급한 요청들이 들어오기도 합니다. 팀의 리더는 이를 잘 조절하여 팀원들이 제 시간 동안 진행하고 있는 프로젝트에 집중하도록 만들어 줍니다. 사수가 없던 저는 이러한 방어막이 없이 긴급한 업무들을 모두 처리해야 했습니다. 메일로 내용을 전달하는 경우도 있었지만, 지나가는 말로 요청하는 경우도 있었습니다. 더는 어떠한 업무도 처리하지 못할 것 같아 프로젝트 외의 디자인들은 디자인 요청서를 작성할 경우만 받기로 하였습니다. 디자인 요청서에 디자인할 때 필요한 것들을 적을 수 있도록 만들었고, 마감 기한까지 작성하여 제출하도록 하였습니다. 각 사항과 그에 따른 조건들도 함께 적어두었습니다.

[디자인 요청서]

신청일

신청은 마감일로부터 최소 5일 전에 신청해주세요.

마감일

작업물을 게시해야 하는 날보다 1-2주 전으로 마감일을 설정합니다.
발주 사항에서 예상치 못한 문제를 예방하기 위함입니다.

목적

디자인이 필요한 이유를 적어주세요.
ex) 기업 홍보를 위한 홍보물 제작, 고객들을 위한 프로모션 쿠폰

내용

디자인에 들어갈 내용을 적어주세요.
반드시 들어가야 하거나, 중요한 내용은 별도로 표시해주세요.

디자인 종류

포수터, 현수막, 배너 등 제작해야 하는 디자인 종류를 기입하세요.

디자인 사이즈

디자인 작업물이 어떤 사이즈로 제작되야 하는지 입력해주세요.

비고

이 외의 사항을 적어주세요.

이처럼 디자인 요청서를 만드는 이유는 갑자기 밀려오는 요청들에 대한 제한도 있지만, 가장 중요한 디자인에 필요한 부분들을 수집하기 위합니다. 우리가 기획팀에서 어떠한 과정을 진행하며 일하는지, 경영팀은 어떤 프로세스를 가졌는지 자세히 알지 못합니다. 우리가 다른 팀의 업무 과정을 잘 알지 못하듯 디자인의 과정들을 타 팀에서도 잘 알지 못합니다. 그렇기 때문에 디자인팀에서 먼저 필요한 부분을 요청하는 것이 효율적인 방법입니다. 또한 내용을 한 곳에 정리하여 관리하기도 편하고, 보기에도 간결하다는 장점이 있습니다. 디자인 요청서의 또 다른 목적은 '책임 소재 파악'에 있습니다. 말로 업무 전달을 하게 되면 녹음하지 않는 이상, 어떠한 증거도 남지 않게 되고 작업물 제작 후 문제가 생겼을 때 책임 소재를 파악하기 어렵습니다. 잘못을 하나하나 따지고 넘어가자는 의미는 아닙니다. 문제가 생겼을 때는 문제해결이 우선시되어야 합니다. 그리고, 문제의 원인에 대해 바로 알아야지 다음에 같은 일이 생기지 않습니다. 책임 소재 파악은 문제의 원인을 누군가의 잘못으로 돌리는 것을 방지하기 위한 방어적인 도구이지, 누군가의 잘못을 드러내는 공격적인 도구가 아닌 점을 명심해야 합니다.

부록

신입 디자이너가 알아야 할
디자인 언어

· 디벨롭 (Develop)

Develop : 성장하다, 개발하다

"여기 부분 디벨롭해봐요."라고 물으면, 그 부분을 '더 나은 방향'으로 '수정'
해달라는 이야기입니다.

이미지 디벨롭, 아이디어 디벨롭 등 다양한 방법으로 사용됩니다.

· 포맷(Format)

"이거 포맷이 어떻게 돼요?"라고 물으면,

ai(일러스트레이터), psd(포토샵), pdf, jpg, png 등 해당 파일의 형태를 말
하면 됩니다.

· 톤 앤 매너(Tone & Manner)

톤 앤 매너는 전체적인 분위기나 느낌을 이야기합니다. 만약 "이 부분 톤앤
매너가 안 맞아"라고 말한다면, 전체적인 디자인 분위기와 다른 부분이 있
을 겁니다. 요소, 색, 표현법을 한 번 더 검토해 보세요.

• 오브젝트(Object)

요소라는 뜻으로, 시각적 요소, 특정 이미지 등을 지칭합니다.

• 애플리케이션(Application)

모바일 기기의 등장 후 앱을 뜻하는 단어로 많이 알고 있는데, 일반적으로는 워드 프로세스나 프레젠테이션 도구와 같이 특정 업무를 수행하기 위해 만든 프로그램을 말합니다.

브랜드 디자인에서는 그래픽을 개발한 후에 확장해 만들 수 있는 포스터, 패키지, 상세페이지 등 디자인 요소를 뜻합니다.

• 베리에이션(Variation)

애플리케이션과 같은 의미로 사용되기도 합니다.

변화라는 뜻에서 사이즈, 시안, 레이아웃 등을 베리에이션하라고 했을 때는 다양한 다른 사이즈, 시안, 레이아웃을 설정하여 피드백 받으면 됩니다.

물경력 주니어 디자이너

●●●

3년, 6년, 9년(또는 3개월, 6개월, 9개월)마다 회의감이 찾아온다는 3, 6, 9의 법칙. 직장인들 사이에 암묵적으로 퍼져 있는 법칙 중 하나입니다. 머피의 법칙처럼 속설의 근거는 없지만, 묘하게 적용되는 것 같습니다. 직장생활에 어느 정도 안정감을 찾으면 누구나 자기 자리에 대해 고민하게 됩니다. 이러한 고민이 성장을 위한 발판이 되기도 하지만, 반대로 잘못 빠지게 되면 도피, 무력감, 또는 나태함과 같은 형태로 변하기도 하죠.

저 역시 3, 6, 9의 법칙을 피하지 못했습니다. 그때마다 '나 디자인을 계속해도 괜찮을까?'라는 생각이 들었죠. 툴만 다룰 줄 알면 누구나 가능한 디자인, 기획력 없이 마감에 급급한 디자인, 디자인보다 타 업무에 집중된 상황이 막막했습니다. 회사에 남아 있는다고 하면 디자인에 대한 성장은커녕 후퇴할 것이 뻔했고, 이직을 하자니 그동안의 경력이 인정되지 않아 애매한 상황이었습니다. 말그대로 물경력이 되었죠. 하는 일이 너무 없거나 누구나 할 수 있는 일을 하는 경우, 도전적인 경험이 없는 경우, 직군과 관련 없는 일을 할 경우, 일이 절차나 프로세스 없이 주먹구구식으로 진행되는 경우, 지나치게 특수한 일만 하는 경우를 물경력이라고 부릅니다. 이 모든 상황에 해당이 된 저는 덜컥 겁이 났습니다. 더군다나 수명이 짧은 디자인 업계에서 살아남지 못한다는 통보를 받은 기분이었습니다. 그때 떠오른 다짐은 '뭐라도 부딪혀보고 후회 없이 포기하자.'라는 생각이었습니다.

1

떠나야 하나?
남아야 하나?

'이직' 그리고 '퇴사'

익숙해진 회사 생활, 반복되는 업무로 흥미를 잃어갈 즈음 성장 가능성이 보이지 않는 순간이 옵니다. 그리고 이 상황을 벗어나고자 이직과 퇴사를 고민하게 됩니다. 두 가지 모두 떠날 것인지, 남을 것인지에 대한 선택지가 있습니다. '이직'을 선택하면 기존 회사를 떠나야 하나, 남아야 하나를 고민하게 됩니다. '퇴사'를 선택하면 회사라는 제도를 떠나야 하나, 남아야 하나를 고민하게 되죠. 두 가지 모두 절대적인 정답은 없습니다. 사람마다 가치관과 환경, 강점과 약점이 다르기 때문입니다. 누군가가 감당할 수 있는 환경이 누군가에게는 하루라도 벗어나고 싶은 곳일 수 있습니다. 또한, 어떠한 가치를 중요하게 여기느냐에 따라 선택의 결과가 달라집니다.

선택에서 중요한 것은 '선택의 이유'와 '책임감'입니다. 어떠한 선택을 하는가는 본인에게 달렸습니다. 수많은 조언을 듣고, 수많은 정보를 가졌어도 결국 선택하는 것은 본인이기 때문입니다. 누군가의 결과를 보고 따라가는 것보다 자기 자신에 대해 더 깊이 알고, 자신에게 맞는 선택을 하는 것이 가장 좋습니다. 그리고 선택에는 그에 맞는 결과가 따라옵니다. 어느 것을 선택할 때 반드시 한 가지는 버려지게 되어 있습니다. 만약 버려지는 것이 나에게 중요한 가치라면 그 길을 선택해서는 안 되겠죠. 선택은 나에게 중요한 것을 남기기 위한 과정입니다. 선택할 때 단기적인 결과보다 장기적인 미래를 함께 생각해야 하는 이유도 여기에 있습니다. 선택의 과정에서 소중한 것을 지키기 위해 우리는 각 선택의 이유를 명확히 해야 할 필요가 있습니다. 선택의 순간이 오지 않더라도 평소 이에 대해 생각해 보는 시간을 가진다면 선택의 순간에 비교적 쉽게 선택할 수 있습니다. 또한, 준비된 자에게 기회가 오기 마련이니까요.

EPISODE 7
물경력이 무서운 이유

별다른 노력 없이도
시간이 흐르면 나이가 먹듯이
연차도 자연스럽게 늘어납니다.

연차는 쌓였지만,
성장이 없는 경력은
'물경력'이라고 부르죠.

누구에게나
대체 될 수 있고

직종 업무와 관련없는
일을 하거나

주먹구구식으로
업무를 진행한다면

물경력은 마치 물에 빠진 듯
이 환경에서 벗어나고 싶지만 점점 가라앉죠.

결국에는
포기하게 만듭니다.

하지만, 포기하지 않고
물 위를 향해 나아간다면

어느새 물 밖에 나와있는
자신을 발견하게 됩니다.

그리고 물 밖에는 살아남기 위한 수 많은 방법들이
있다는 것을 알게 될 것입니다.

떠나야 하는 이유

2030의 이직률이 45.5%가 되는 지금은 사직서가 더 이상 서랍 속에서 참고 있지 않는 시대가 되었습니다. 오히려 하나의 문화로 자리 잡고 있습니다. 이에 따라 이직과 퇴사라는 결과적인 사실보다 결정을 내린 계기, 극복해나간 방법들, 그리고 그에 따른 결과와 같이 과정의 측면이 더 중요시되고 있습니다. 퇴직하는 사실보다는 그 결정을 한 이유가 중요한 것이죠. 그러므로 우리는 떠나기 전 다시 생각해 봐야 합니다. 이 선택이 과연 떠나야 하는 이유인가?

성장이 보이지 않을 때

떠나는 이유의 대부분은 더 이상 성장을 기대할 수 없기 때문입니다. 3, 6, 9 법칙처럼 일정 시간이 지나면 처음에는 어렵고 익숙하지 않은 일들이 점점 익숙해지고, 일상처럼 느껴졌을 때 고민에 빠지게 됩니다. 그리고 스스로에게 질문하게 되죠.

154

"과연 여기서 더 성장할 환경이 만들어지는가?"

먼저 개인적인 성장을 살펴보아야 합니다. 내가 하는 일이 누구나 할 수 있는 일인지, 전문성이 있는지 살펴보아야 합니다. 인하우스와 같은 곳은 특성상 반복되는 업무들을 처리해야 할 때도 있습니다. 이럴 경우는 길게 봐야 합니다. 다음 단계로 넘어갈 수 있는 성장의 단계가 있는지 확인해야 합니다. 즉, 신입, 주니어, 전문가로 넘어갈 수 있는 업무의 성장 궤도를 그려봐야 합니다. 회사 내에서 팀장이 하는 일과 신입 사원이 하는 일의 큰 차이가 없으면 추후 성장은 기대할 수 없습니다.

흔히 신입 때 하는 착각이 하나 있습니다. "너 없으면 회사가 안 돌아가." 물론, 열심히 한 행동에 대한 칭찬이나 격려의 차원에서는 허용할 수 있습니다. 하지만, 현실적으로 생각해 보면 꽤 이상한 궤변이 됩니다. 왜냐하면, 신입 사원 하나가 온 회사를 이끌고 있다는 이야기이기 때문입니다. 아무리 뛰어난 사람이라도 처음은 미숙한 법입니다. 하지만, 이러한 달콤한 말로 '나는 없어서는 안 될 존재'라는 착각 속에 일하기 시작합니다. 물론, 자신감으로 일을 하는 것은 중요하지만, 막상 이런 경우 대부분은 그렇게 중요한 일은 아닙니다. 누구나 할 수 있지만 처치하기 곤란한 상황, 미뤄지는 일들을 담당하고 있다면 이 달콤한 말은 분명 나중에 문제가 될 수 있습니다. 나름대로 열심히 하고 힘든 일을 해내고 있지만, 실질적인 성장이 없는 하루하루를 보내고 있기 때문입니다. 올바른 성장은 개인의 성장과 함께 조직 안에서의 성장을 기대할 수 있어야 합니다.

게임을 할 때도 난이도가 너무 어렵거나 쉬우면 쉽게 흥미를 잃게 됩니다. 개인의 업무 성장 또한 같은 원리로 적용됩니다. 레벨이 오를수록 새로운 스킬과 아

155

이템이 주어집니다. 마찬가지로 회사 생활을 하다 보면 점점 하는 일들이 익숙해지기 시작합니다. 그때 새로운 업무들이 다시 주어집니다. 처음에는 어렵지만, 다시 익숙해집니다. 이렇게 한 단계 한 단계 나아가다 보면 어느새 업무를 보는 시각도 달라집니다. 게임에서 퀘스트가 주어지는 것처럼 회사 내에서도 성장한 직원들에게 맞는 다음 단계의 업무를 분담합니다. 플레이어에게 적절한 보상과 적절한 업무가 배분되는 게임은 평도 높고, 유저들이 재미있게 게임을 하게 됩니다. 하지만, 적절한 보상과 업무가 배분되지 않은 세팅에서는 쉽게 포기하게 됩니다. 사람들이 대기업에 입사하려는 이유 중 하나는 교육에 있습니다. 주먹구구식으로 흘러가는 것이 아닌, 체계적인 구조 안에서 회사가 직원들에게 다음 단계에서 바라는 것들을 교육합니다. 단순히 회사의 업무적인 내용뿐만 아니라, 최신 트렌드, 업무 능력, 의사소통 능력 등 다양한 주제로 회사는 직원에게 투자합니다. 표면적인 경제적 성장을 회사의 성장으로 생각해서는 안 됩니다. 일시적인 현상일 수도 있으며, 경제적 성장이 직원들에게 어떠한 보상이나 책임감을 가져다주지 못한다면 결국 오래가지는 못하기 때문입니다.

가치관

최근 대기업 사이에서 20대 이직률이 늘고 있다는 통계를 보았습니다. 한 그룹의 30대 미만 이직자 수는 2019년 146명에서 2022년 379명으로, 3년 사이 약 2.6배 늘었습니다. 사람들이 열망하고, 성장의 지표가 되는 대기업에 속해 있는 사람들은 왜 회사를 떠날까요? 여기에도 다양한 이유가 있지만, 그들 대부분은 '가치관'에 대한 충돌로 이직과 퇴사를 선택합니다. 원치 않은 일을 하는 부서를 떠나 원하는 일을 하기 위해, 또는 수직 구조에 막혀 실현되지 못했던 자신의 꿈을 실현하기 위해 대기업이라는 타이틀을 벗어나기 시작했습니다. 임금보다는 자신의 꿈, 가치를 실현하는 것이 하나의 이유가 된 것이죠.

과거의 회사는 이윤 추구를 목적으로 하였다면 현대의 회사는 '가치' 추구를 목적으로 운영됩니다. 회사의 가치 추구는 곧 회사의 모토를 만들고, 이 모토는 회사 전반적인 결정에 기준이 됩니다. 회사 문화, 상품, 프로젝트 등 다양한 곳에서 가치는 실현됩니다. 만약 본인이 추구하는 가치와 회사의 가치가 충돌된다면 하는 일과 회사 전반적인 부분에 흥미를 잃게 됩니다. 더 나아가 회의감과 함께 죄책감까지 가질 수 있습니다. 사회에 좋은 영향을 미치는 가치를 가진 기업들도 있지만, 정말 자신들의 이익만을 위해 위법한 일들을 하며 소비자를 속이는 기업들도 종종 있기 때문입니다. 이럴 경우는 자신이 추구하는 가치와 부합하는 회사를 찾아 이직하거나, 자신이 직접 창업하여 가치를 실현하는 방법을 택하게 됩니다. 물론 세상에 똑같은 사람이 없듯이 100% 나에게 맞는 회사는 없습니다. 그러므로 수많은 가치 중에서 우선순위를 정해야 합니다.

현실적인 문제

현실적인 문제들로 떠나는 사람들도 있습니다. 가장 대표적인 문제는 직설적으로 '돈'입니다. 본인의 역량보다 낮은 임금을 받고 있을 때, 충분한 조건이 됨에도 연봉협상이 되지 않았을 때, 정산이 밀렸을 때와 같이 그 이유도 다양합니다. 사회 초년생이 되었을 때, 주변에서 제때 월급을 받지 못하고 일을 하는 친구들을 몇몇 보았습니다. 이럴 경우는 최대한 빨리 떠나는 방법을 알아보고 결정하는 것을 추천합니다. 특히 경력이 쌓이지 않은 상태라면 더욱 빠른 결정을 하는 것이 좋습니다.

직장 내 관계로 인한 이직 이유도 있습니다. 사람과 사람이 살아가는 사회에서 '갈등'은 반드시 생기며, 또한 이를 통해 문제를 해결하고 다양한 의견을 들을 기회가 생기기도 합니다. 하지만, 해결할 수 없는 갈등도 역시 존재합니다. 또한, 그러한 갈등을 마치 하나의 문화처럼 만들어 놓은 조직들도 존재하죠. 업무적인 스트레스보다 관계에서 발생하는 스트레스로 이직과 퇴사를 결정하는 사람들도 있습니다. 업무적 성장 문제는 개인적인 시간을 들여 따로 관리할 수 있지만, 관계적 문제는 개인으로만 끝나지 않기 때문에 더 복잡한 문제가 될 수 있습니다. 관계 시도를 위해 최선을 다했지만, 문제가 해결되지 않을 경우 최종으로 이직이나 퇴사를 선택합니다. 단, 회피적인 도피로 결정하면 안 됩니다. 이직과 퇴사를 위한 결정을 할 때 도피성으로 결정하다 보면 다양한 문제에서 해결보다는 도피의 방법을 가장 먼저 생각하게 됩니다. 내 선택이 도피인지 아닌지는 다음 장에서 더 자세히 다루어 볼 예정입니다.

떠나기 전
생각해봐야 할 것

"누구나 가슴 속에 사직서를 품고 산다."라는 직장인 명언과 같이 모두 직장 생활을 버티고 견디고 있습니다. 언제든 선택할 수 있지만, 쉽게 꺼내지 못하는 선택지죠. 이직과 퇴사는 일시적인 감정과 환경에 의해서 선택하면 안 됩니다. 직장을 떠나는 것은 신중한 결정과 그에 따른 책임감이 따르기 때문입니다. 또한, 떠난다는 것은 마무리와 새로운 출발이 함께 이뤄지는 것이기 때문에 더욱 신중한 결정을 해야 합니다. 품에 있는 사직서를 제출하기 전에 한 번 더 생각해 보세요.

"도망가자 어디든 가야 할 것만 같아." 현실을 깨닫게 될 때마다 이상하게 어디선가 들리는 것만 같은 선우정아의 '도망가자' 노랫말. 정말 여기만 아니면 어디든 괜찮다고 생각할 때가 있죠. 그래서 급하게 도망갔지만, 얼마 못 가서는 결국 또 도망가고 싶은 마음이 생기죠. 어느새 도망가는 것이 익숙해지는 악순환이 시작됩니다. 도망가기 전에 다시 도망가지 않겠다는 다짐으로 도망을 준비하는 시간을 가져야 합니다.

도망이 답인가?

이직, 퇴사 전 가장 중요하게 물어볼 것은 "이것이 답인가?"라는 질문입니다. 도망이 답인 경우도 있지만, 아닌 경우도 있습니다. 회사라는 조직은 생각보다 우리에게 많은 기회를 제공해 줍니다. 회사를 나와서 보니 개인이 할 수 있는 것보다 회사 내에서 할 수 있는 것들이 훨씬 많았습니다. 회사는 이윤을 내기 위해 어떻게든 '일거리'를 가져옵니다. 프로젝트를 진행할 기회가 있죠. 그 과정에서 어떻게 업무의 성장을 이룰 수 있을까 고민부터 해보는 것이 좋습니다. 생각보다 많은 기회가 있죠. 회사를 벗어나려고 하는 이유를 먼저 생각해 봐야 합니다.

최근 인상 깊게 본 영상이 하나 있습니다. 회사 근처에서 점심을 먹으면 그렇게 회사 욕을 하는 사람들이 많은데, 자세히 들어보면 대부분 일을 하기 싫은 것이 아니라, 열심히 일하는데 들어주지 않는다는 푸념이었다는 내용이었습니다. 사람들은 회사에 다니는 것 자체보다는 회사에서 업무를 진행하는 과정에서 한계에 부딪히는 자신을 볼 때 불만을 가지고 불안감을 느낍니다. 이러한 과정이 반복되다 보면 다음과 같은 생각이 듭니다. '내가 이 분야에서는 맞지 않는 건가?' 그리고 이제 자신이 좋아하는 분야를 찾아보기 시작합니다. '내가 좋아하는 일을 찾아서 떠나보자!'

한 조직 연구에 따르면 이것을 '쾌락의 쳇바퀴'라고 설명합니다. 사람들은 자신이 좋아하고 원하는 일을 하면 만족하는 삶을 살 것으로 생각합니다.

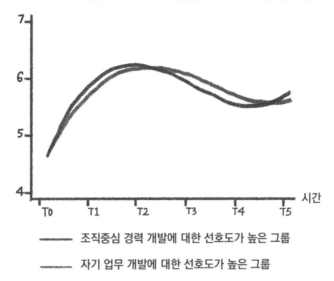

▼ 〈자기중심 경력 지향과 조직중심 경력 지향의 직무 만족도〉

——— 조직중심 경력 개발에 대한 선호도가 높은 그룹

——— 자기 업무 개발에 대한 선호도가 높은 그룹

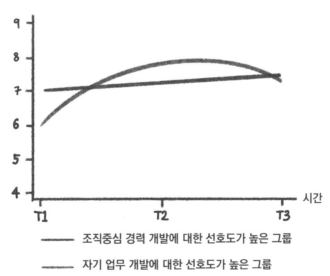

▼ 〈자기중심 경력 지향과 조직중심 경력 지향의 직장 만족도〉

——— 조직중심 경력 개발에 대한 선호도가 높은 그룹

——— 자기 업무 개발에 대한 선호도가 높은 그룹

그래프에서 녹색선은 조직중심의 경력 개발에 대한 선호가 높은 그룹이고, 빨간색선은 자기 업무 개발에 대한 선호가 높은 그룹입니다. 상단 그래프는 두 그룹에 대한 직무 만족도를 조사한 결과이며 두 선의 차이는 거의 나타나지 않습니다. 하단 그래프는 전 직장과 현 직장에 대한 만족도를 나타낸 그래프입니다. 전 직장과 현 직장에 대한 만족도 조사에서는 초반에는 전 직장에 대한 만족도가 자기 업무 개발에 대한 선호가 높은 그룹이 현저히 낮습니다. 하지만 1년이 지난 시점에서는 두 그룹의 만족도가 같아집니다.

이렇듯이 회사에서의 업무 만족도가 충족되지 않으면 회사 밖에서의 만족도도 충족되지 못합니다. 그러므로 개인의 업무적인 만족도보다 회사에서 전문성과 성장 궤도를 그리지 못하는 것인지를 확인해야 합니다. 선문성과 성장 궤도가 보이지 않는다면 개인의 역량을 충족하면서 떠날 기회를 준비해야 합니다.

목적지를 입력하세요

하루는 시간만 되면 여행을 떠나는 친구와 함께 여행을 가게 되어 여행 계획을 세우게 되었습니다. 평소 가고 싶었던 곳을 생각하며 여기저기 떠나는 신나는 상상을 하고 있는데, 친구가 몇 마디 물어봅니다.

"휴가 기간은 어떻게 돼?"
"예산은?"
"어떤 여행이 좋아?"
"평소에 어디 가고 싶었어?"

가고 싶은 곳이 먼저가 아니라, 휴가 기간, 예산 등 현실적인 제한을 먼저 물어봤습니다. 가고 싶은 나라를 상상하던 저는 그때 깨달았습니다. 여행의 목적지를 정할 때 현실적인 조건들이 반드시 고려되어야 한다는 사실을요. 휴가 기간이 짧다면 멀리 있는 나라보다는 가까운 나라를 선택해야 하며, 예산이 많다면 여유롭게 여행할 수 있고, 예산이 적다면 예산에 맞게 숙소, 교통, 식사 등 노선을 짜야 합니다. 만약 예산이 생각보다 적다면 수입을 더 늘려 예산을 만들어야 합니다. 그리고 이 조건에 맞는 여행지를 정하고 세부적인 내용들을 정합니다.

이직과 퇴사의 이유가 확실히 정해졌다면, 이제 목적지를 정해야 합니다. 떠날 곳을 정해야지 떠날 수 있기 때문입니다. 무작정 떠나면 길도 잃고, 금전적인 손해도 생기게 됩니다. 떠날 곳을 정할 때는 나의 현실부터 파악해야 합니다. 단순히 꿈의 직장을 목표로 세우는 것도 효과가 있지만, 체계적인 준비가 필요합니다. 앞서 말했던 개인의 성장, 가치관, 현실적인 문제들을 고려하면서 떠날 곳을 꼼꼼히 확인해야 합니다.

여행 준비를 하다 보면 '발품 판다.'는 이야기를 합니다. 같은 조건이지만 저렴한 항공권, 숙박부터 시작해서 가성비 좋은 맛집 등 다양한 정보들을 이곳저곳에서 모아 비교하고 판단합니다. 여행을 가본 친구들에게 물어보기도 하고, 가본 사람들의 후기도 꼼꼼하게 살펴봅니다. 회사를 떠날 때도 마찬가지입니다. 요즘은 블라인드, 잡플래닛 등 기업의 문화까지 볼 수 있는 플랫폼들이 늘어났습니다. 단순히 업무적인 면뿐만 아니라 기업의 가치, 기업 문화를 볼 수 있기 때문에 좀 더 신중한 결정을 내릴 수 있습니다. 그리고, 이제는 떠나는 날을 기다리는 일이 남았습니다.

여행은 떠나는 날이 정해져 있지만, 이직과 퇴직은 떠나는 날이 정해져 있지 않습니다. 생각보다 일찍 그날이 올 수도 있고, 무기한의 시간을 기다릴 수도 있습니다. 그렇다고 이 준비 과정이 없이 그냥 기다린다면 그 일자는 오지 않습니다. 직접 문을 두드리거나, 사람들에게 묻거나 하여 기회를 항상 엿보아야 합니다. 하나의 계획뿐만 아니라 다양한 계획들을 실현 가능한 방법으로 알아보고 실천해야 합니다. 그리고 조급해 하지 않고 다음 단계를 위한 준비를 해야 합니다. 성장과 가치, 그리고 원하는 것들을 나열해도 순간의 판단으로 이것들을 잃고 바로 앞의 상황만 보는 성향이 있습니다. 당장 앞에 있는 것이 달콤해 보여도, 다시 한번 신중하게 생각해 보는 시간을 가지는 것이 좋습니다.

아름다운 사람은 머문 자리도 아름답습니다

휴게소나 공공화장실에서 자주 볼 수 있는 문구. 이 문구는 화장실을 갔을 때뿐만 아니라 마무리할 때 자주 떠올리곤 합니다. 마무리가 중요한 이유는 완전한 끝이 아니기 때문입니다. 떠나는 이유가 부정적이고, 좋지 않더라도 내가 떠난 자리는 아름다워야 합니다. 그 누구를 위해서도 아닌, 나를 위해서입니다.

저의 첫 퇴사를 돌아보면 이 원칙을 생각해서 잘 지킨 것 같습니다. 사실 회사 생활 동안은 좋지 않은 일들이 많았습니다. 원치 않은 일도 하고, 제가 능숙하게 해내지 못해서 일이 밀리는 경우도 생겼죠. 하루하루 버티고 있었는데 업무 변경 제안을 받았습니다. 정확히 말해서는 업무 추가죠. 원래 하고 있던 디자인 일도 하면서 인원 부족으로 생긴 영업팀 일까지 도와야 하는 상황이 왔습니다. 당시 디자인에 대한 회의감과 함께 업무 변경을 하면 다른 새로운 일을 해볼 수 있을 것 같아 영업팀에 들어가는 것은 수락했으나, 디자인팀에 저밖에 없어 새로운 디자

164

이너를 뽑아 달라고 요청했죠. 하지만 이 요청이 기각되고, 저는 그날 사직 의사를 밝혔습니다. 그동안 디자인 팀에 유일한 사람이었던 저는 살아남기 위해 타 팀에 좋지 않은 소리도 했고, 충돌도 있었습니다. 떠날 준비를 하면서 잘 마무리하고 싶은 마음에 인수인계 기간은 고마웠던 분들에게 선물도 하고, 같이 밥도 먹으면서 좋은 시간을 보냈습니다. 퇴사 이후, 같이 일하던 직장 동료는 클라이언트가 되고, 스카우트 제의를 해주는 동료가 되기도 하였죠. 회사 생활 동안 좋은 일만 있었던 것은 아니지만, 마무리하면서 좋은 인연들을 만나게 되었습니다.

퇴근 후에도 책상에 앉는 사람들

"오늘 퇴근하고 포트폴리오 꼭 만든다."

퇴사를 결심하면 꼭 하는 말입니다. 하지만, 이 말은 내일로 미뤄지고 결국 포트폴리오는 완성되지 못합니다. 그리고 퇴사는 점점 멀어져가죠. 떠나기로 했다면, 이제 떠날 준비를 해야 합니다.

자기 계발 콘텐츠가 부상하는 요즘 습관 개선에 관한 이야기가 쏟아져 나옵니다. 수많은 이야기의 시작점은 '작은 것부터 시작해라.'입니다. 포트폴리오를 만드는 일은 많은 에너지와 시간이 듭니다. 시작하려고 하면 엄두가 나지 않고, 막막하죠. 대신 작은 것부터 시작합니다. 퇴근하고 디자인 콘텐츠 1개 읽고 분석하기, 평소 좋아하는 스타일의 작업물 1개 분석하기, 분석한 작업물 모방하기, 새로운 기능 익혀보기 등 30분~1시간 내에서 마무리할 수 있는 일들을 시작합니다. 처음은 물론 어렵습니다. 퇴근하고 또 책상에 앉고 싶은 사람은 거의 없으니까요. 그럼 딱 2분만 해본다는 생각으로 시작해 봅니다. 2분 동안 집중하다 보면 어느새 10분, 20분이 흘러갑니다. 그리고 어느새 하루의 일과가 되고, 자연스럽게 책상에 앉아 있게 됩니다.

저 역시 퇴근 후에 책상에 앉아있는 사람은 아니었습니다. 퇴근하면 스트레스를 푸는 일에 몰두한 사람이죠. 그러다가 제가 처한 현실에 대해서 알게 되었습니다. 이렇게 있다가는 더 이상 살아남기 힘들다고 생각했죠. 그때 시작한 일이 SNS였습니다. 처음에는 '팔로워 만 명을 모아야지!'라는 목표보다는 내가 잘하는 것, 좋아하는 것을 정확히 찾고 싶었고, 이러한 이야기를 가진 사람들과 이야기하고 싶다는 목적이 있었습니다. 그렇게 시작한 SNS는 조금씩 반응이 오기 시작했고, 이제 체계적으로 계정을 키우고자 공부도 했습니다. 디자인 공부도 하면서 저와 같은 비전공자 디자이너분들에게 공감과 위로, 그리고 함께 성장하는 도전을 나누고 싶었습니다. 그 과정에서 새로운 관계도 생기고, 좋은 기회도 자연스럽게 생겼습니다. 이러한 과정에서 만 명이라는 팔로워라는 결과도 생겼지만, 자신감도 생겼습니다. 물론, 완벽한 사람은 아니지만, 성장 가능성이 보였기 때문입니다. 그리고 또 다른 도전들에 뛰어들기 시작했습니다.

나에게 집중하는 시간은 새로운 길을 만듭니다. 부족함을 느꼈을 때 좌절할 수 있습니다. 하지만, 새로운 돌파구를 찾는 사람들도 있죠. 꼭 성장하거나 성공하는 길을 이야기하는 것은 아닙니다. 내가 원하는 것, 잘하는 것을 계속해서 찾는 과정 또한 중요한 일이죠.

166

우리의 길모퉁이

인생을 살다 보면 마음 한구석에 좋아하는 책의 한 구절들이 있죠. 제가 좋아하는 책 구절은 빨간 머리 앤의 마지막 부분입니다.

그리고 길에는 언제나 모퉁이가 있었다!
앤이 나직이 속삭였다.
"하나님은 하늘에 계시고 세상은 평안하도다."

빨간 머리 앤을 다 읽어보지 않았다면 석판으로 머리를 깨는 말괄량이 소녀를 생각할 겁니다. 앤은 우당탕탕 말괄량이의 학창 시절을 보내면서 점점 성숙한 어른이 되었고, 대학을 진학할까, 마닐라 아주머니와 남아있을까 선택의 고민 끝에 교사가 되어 남아있기로 합니다. 그리고 길버트와의 조우, 감사, 약간의 로맨스를 남기고 새로운 미래에 대한 기대와 걱정을 서술합니다. 그때 위의 문장으로 빨간 머리 앤 1권은 끝이 나죠. 길모퉁이에 대한 이야기는 이 전에도 잠깐 등장합

167

니다.

길모퉁이는 길을 걷고 있는 사람에게는 미지의 세계입니다. 하지만, 길을 멈출 수는 없습니다. 그래서 앤은 길모퉁이에는 항상 좋은 것이 있다고 생각하죠. 그곳이 이 다채로운 빛과 어둠이 있을지, 낯선 아름다움이 있을지 모르지만요. 하루하루의 시간을 걷다 보면 우리는 다양한 모퉁이를 만나게 됩니다. 어떤 모퉁이를 선택할지, 어디로 향할지 다양한 선택지가 놓이게 됩니다. 빨간 머리 앤은 또 이렇게 말합니다.

"생각대로 되지 않는다는 건 멋진 일이라고 했어. 왜인지 알아? 바로 생각지도 못한 일이 일어난 거니까!"

디자인이 늘지 않고 회의감을 가지던 신입 시절 한 가지 제안을 받았습니다. 평소 디자인보다 기획에 관심이 있던 저에게 이전 동료로부터 새로운 일자리를 소개받았습니다. 디자인 기획부서로 프로젝트에 관련된 디자인을 기획하고, 제작을 외부 거래처와 협력하는 일이었습니다. 디자인 제작에 힘들어하는 저에게 새로운 방향을 제시해주었죠. 동료는 제가 프로젝트를 진행할 때 기획에 더 관심이 많아 보였기 때문에 새로운 기회를 추천했습니다. 디자인의 세계는 생각보다 넓고, 하는 일들도 세분되어 있어 자신에게 맞는 일을 찾을 수 있습니다. 또한, 회사에서 자신이 좋아하는 일, 잘하고 싶은 일에 몰두하면 자연스럽게 새로운 기회가 찾아오게 됩니다.

▲ 다양한 길에서 우리가 생각지 못한 일들이 기다리고 있습니다.

주니어 디자이너,
한 단계 성장할 때

"높이 올라가야 넓게 볼 수 있어요."

살아남다 보니 신입도 아니고, 전문가도 아닌 3년 차 주니어 디자이너가 되어버렸습니다. 나름 공부도 하고 새로운 일에 도전하면서 경험을 쌓았다고 하지만, 부족한 부분이 많다는 것을 알고 있었습니다. 인하우스에서 벗어나 혼자 디자인팀이 되어 일하다 보니 점점 우물 안 개구리가 되어버렸죠. 이제 전문가로 한 층 더 성장할 갈림길에 서 있습니다. 이 과정에서 시간은 약이 되지 않죠. 흐르는 시간만큼 수련과 경험이 필요합니다.

EPISODE 8
성장하기 딱 좋은 시기네

새로운 도전이나 성장을
'알을 깨고 나온다.'라고 비유하죠.

알을 막 까고 나온 새끼는
어미의 보호만을 기다립니다.

독립을 하기 위해서는
'비행'에 도전해야 하죠.

날개짓을 수차례
퍼덕여도
성공하지 못하고

뛰자마자
나뭇가지에
부딪칩니다.

그래도 괜찮습니다.
가벼운 아기새는
다치지 않습니다.

이 시기를 지나면
비행할 기회를 잃습니다.

연차가 차면 그만큼
따르는 책임감도 커집니다.

멋도 모르는 신입시절,
책임감이 많은 시니어 시절 사이,
주니어 시절은 성장하기 좋은 시기입니다.

나무도 보고
숲을 보는 눈과

다른사람들과
좋은 소통을 하며

나만의 데이터를
쌓아가다보면

언젠가 좋은
리더가 되겠죠?

숲을 보는 시각

일을 하다 보면 당장 앞에 놓인 일을 치우기에 급급할 때가 있습니다. 그럴 때마다 한참 선배들은 이렇게 말하곤 했죠.

"너무 급하게 생각하지 말고, 넓게 그리고 멀리 볼 줄 알아야 해."

즉, 나무만 보지 말고 숲도 볼 줄 알아야 하는 단계가 되었습니다. 나무만 보다가는 길을 잃을 수 있고, 숲이 사라지는 것을 알지 못할 수 있으니까요. 연차가 쌓이다 보니 당장 앞에 일보다는 멀리 보는 시각이 훨씬 도움이 되었습니다. 신입 때는 주어진 일에만 몰두하다 보니 앞, 뒤가 다 잘린 작업물에만 에너지를 쏟았습니다. 이때는 주어진 일을 잘 마무리하는 것이 최선의 자세입니다. 하지만 점점 연차가 쌓이면서 이제는 주어진 일이 아닌, 능동적으로 일의 과정을 파악하고 일을 만들어 내야 하는 단계까지 올라가게 됩니다.

174

디자인의 전반적인 과정을 보는 시각

신입 시절을 지나면 주니어 디자이너로 한층 성장하게 됩니다. 연차가 쌓이는 것은 세월의 문제이지만, 그 세월과 함께 책임감과 업무 수행 능력 또한 성장해야 합니다. 보통 2~3년 차에 주니어라는 명칭을 붙입니다. 경력직에서도 2~3년 차 이상을 가장 많이 뽑기도 합니다. 주니어 디자이너가 되면 디자인에 대한 단편적인 시각에서 전반적인 시각으로 넘어가야 할 때입니다. 왜 이 작업 수행이 필요한지 단순히 작업에 몰두하는 것이 아닌, 앞뒤 과정과 그에 따른 기대되는 결과를 예상해야 합니다.

업무적으로 전반적인 시각을 높일 뿐만 아니라, 관계에서의 변화도 맞이하게 됩니다. 신입사원일 때는 내 몸 하나 지키면 되지만, 주니어 디자이너가 되면 위, 아래 모두 챙겨야 하는 끼인 직책이 됩니다. 그리고 타 팀과의 회의도 점점 늘어납니다. 뚝딱거리던 시절을 지나, 좀 더 전문적이고 논리적인 커뮤니케이션도 탑재해야 합니다.

이제부터는 여러분이 생각하는 디자인'만' 할 수는 없습니다. 이전에는 디자인에 관한 감각과 기술적인 능력을 키웠다면, 이제는 디자인 프로세스에 대해 고민해야 합니다. 아무리 디자인을 잘한다고 하더라도 다른 팀과 협업할 때, 또는 클라이언트의 의뢰를 받을 때 스케줄에 맞추지 못한다면 그 능력은 무용지물이 됩니다. 즉, 디자인 감각, 스타일, 스킬, 컨셉 등 디자인만 보는 나무의 시각에서 디자인의 과정을 보는 숲의 시각을 가져야 합니다.

주어진 일만 하던 시절을 벗어나 주니어로 성장하는 숲을 보는 시각의 처음은 전체적인 스케줄을 짜보는 겁니다. 디자인 '제작'에만 초점을 맞추지 말고, 크게 〈기획-컨셉회의-디자인 제작-피드백-디자인 제작-발주-세팅〉의 과정을 생각해야 합니다. 제작만 생각하다 보면 기획, 피드백, 발주, 세팅과 같은 과정을 놓치게 됩니다. 프로라면 이제 전체적인 스케줄을 기획하고 예상할 줄 알아야 합니다.

소비자의 입장에서 보는 시각

디자인의 전체적인 과정을 생각하게 되었다면 이제 업계에 대한 이해를 높여야 합니다. 패키지 디자인, 그래픽 디자인, 모션 디자인, 제품 디자인 등 디자인 분야에 대한 전문성뿐만 아니라, 일하고 있는 분야에 대한 이해도 요구됩니다. 디자인할 때 회사나 클라이언트와는 직접적인 수통을 하므로 이에 대한 만족도를 충족시키는 데 급급할 수 있습니다. 하지만, 우리는 정말 디자인을 만나는 사람들의 욕구를 충족시켜 주어야 합니다. 즉, 소비자를 알고 그들이 원하는, 또는 그들에게 원하는 바를 디자인으로 표현할 줄 알아야 합니다. 앞서 말했듯이 본인이 봤을 때 예쁘기만 한 디자인은 좋은 디자인이라고 할 수 없습니다. 같은 업계에서 사람들이 열광하는 디자인 프로젝트가 있는지, 왜 그 디자인에 사람들이 열광하는지 파악하고, 때로는 소비자들이 불편하고 부족하다고 느끼는 부분들을 인사이트로 모아두는 것도 좋은 방법입니다.

'토스'는 소비자들이 무엇을 원하는지, 어떤 것에 열광하는지 분석하고 디자인에 적용하는 과정을 거칩니다. 기존의 은행과는 다른 파격적인 디자인을 선보였죠. 사용자가 토스를 어떻게 사용하는지 다양한 질문을 던지기도 하고, 생활방식, 소비 경향 등 다양한 맥락에서 소비자들의 패턴을 분석하기도 합니다. 그리고 사용자의 정의를 달리하면서 다양한 정의들로 '상품'이 어떻게 이용되고, 어떠한

176

점에서 소비자들이 매력을 느끼는지 끊임없이 탐구합니다. 토스 머니에 대한 UX 리서처 김서연 디자이너의 인터뷰에서 이러한 점이 잘 드러납니다. 토스 머니를 잘 사용하는 사용자를 찾는 과정에서 단순히 많이 쓰고 사용하는 사람이 아닌, 토스 머니가 없으면 안 되는 사람들을 찾기 시작한 것입니다. 단순히 많이 쓰고 사용하는 사람들은 토스 머니가 아닌 계좌여도 잘 사용할 수 있는 사람들이었기 때문입니다. 그래서 다시 토스 머니를 잘 사용하는 사용자의 정의를 토스 머니가 없으면 안 되는 사용자로 정했습니다. 은행 계좌를 만들지 못하는 청소년들이 온라인 결제를 위해 토스 머니를 사용한다는 점을 발견했습니다. '잘 쓰는 소비자'의 정의를 내리기 위해 끊임없는 질문과 분석이 방향성에 길을 내어주는 길잡이가 된 것입니다.

이처럼 더 넓고 미래적인 시각을 가지기 위해서는 '디자인' 속의 제작 행위에만 국한되어 있으면 안 됩니다. 소비자들이 원하는 것이 무엇인지, 왜 이 제품이 소비자들에게 필요한지, 어떤 방식으로 소비자들의 구매를 유도할 수 있는지, 어떠한 디자인이 전달하고자 하는 메시지를 통해 소비자들의 행동을 유발할 수 있는지 분석하는 과정이 필요합니다.

디자이너의 입장으로 보는 시각

디자이너가 되었다면 업무에 쫓기고, 성장을 향해 달려가고, 방황하는 시간 속에서 반드시 물어야 할 것이 하나 있습니다. "나는 어떤 디자이너가 될 것인가?"라는 질문입니다. 꿈은 명사로 끝나면 안 된다는 명언이 있습니다. 어떤 직업이 아닌, 그 직업을 통해 어떤 가치를 실천할지 정의하는 것이 꿈입니다. 주니어 디자이너가 되었다면 이 질문에 대해서 생각해야 하는 시점입니다. 만약 이러한 가치

정의가 없다면 마치 공장의 기계와 같은 부속품이 될 뿐입니다. 기계는 입력한 행동을 착실하게 수행하면 됩니다. 그 과정에서 어떠한 판단이 들어가서는 안 되죠. 하지만, 인간이라면 어떠한 일이 주어졌을 때 행동에 따른 결과와 그에 대한 책임감을 느끼게 됩니다.

디자인은 삶의 형태를 결정하는 막강한 영향력을 가집니다.[1] 현대에 디자인은 도처에 존재하고 있습니다. 편리하게 사용하기 위한 기능적 역할 뿐만 아니라, 자신의 취향과 메시지를 전하는 역할을 하기도 합니다. 때로는 사회를 분리하기도 하고, 화합시키기도 합니다. 하나의 예로 베를린의 신호등 '암펠만(Ampelmann)'이 있습니다. 암펠만은 신호등 캐릭터이자, 베를린의 마스코트이기도 합니다. 보행자 신호등이 없던 동독지역은 잦은 교통사고로 문제를 겪고 있었습니다. 이 문제를 해결하기 위해 1961년 교통 심리학자 칼 페글라우(Karl Peglau)는 암펠만을 디자인했습니다. 주의력이 낮은 어린아이들의 시선을 집중할 수 있도록 익숙한 사람 모양의 모자를 쓴 귀여운 캐릭터를 신호등에 넣었습니다. 또한, 색맹과 시력이 약화한 노인들을 위해 모양만으로 빨간 불과 초록 불을 구분할 수 있도록 사람의 비중을 높이고 걷기와 멈춤의 직관적인 모양이 드러나도록 디자인했습니다. 그 결과 동베를린의 교통사고는 40% 감소하는 결과를 얻었고, 암펠만은 하나의 상징이 되었습니다. 사회적 문제를 해결한 좋은 디자인의 예시죠. 암펠만 디자인의 가치는 여기서 끝나지 않습니다. 1990년 독일의 통일이 진행되었지만, 동독과 서독의 갈등은 은연중에 퍼져나갔습니다. 그러던 중, 1994년 동베를린 지역의 암펠만 신호등이 서독의 일반 신호등으로 바뀌기 시작했습니다. 1996년 서독의 산업 디자이너 마르크스 해크하우젠(Markus Heckhausen)이 버려진 암펠

1.　디자인의 가치, 프랭크 바그너 (안그라픽스) 19p

만 신호등을 가져다가 램프를 만든 것이 화제가 되었습니다. 이후 암펠만을 디자인한 칼 페글라우와 함께 암펠만을 상표로 등록하고 본격적인 굿즈(GOODS) 사업을 하기 시작합니다. 이와 함께 동독 사람들뿐만 아니라, 서독에서도 암펠만 살리기 캠페인에 동참하면서 결국 암펠만은 다시 베를린의 마스코트가 되었습니다. 당시 서독주의의 통일 과정으로 동독의 문화를 지워가는 현실에서 동독에서 만든 캐릭터 하나로 서독과 동독이 한마음으로 좋은 디자인을 지켜내려는 모습은 인상적이며 예외적인 부분입니다. 디자인이 대립한 두 진영을 하나로 만들어 준 셈이죠.

물론, 지금 당장은 이렇게 영향력 있고 역사적인 디자인을 만들지 못하며 평생 이런 디자인을 만들지 못할 수도 있습니다. 하지만, 디자인이 크게든 작게든 소비자에게 영향을 끼치는 것은 사실입니다. 어떠한 문화를 전달하고, 또는 문화에 참여하도록 만드는 매개체가 되죠. 그렇기 때문에 거창하고 원대한 꿈이 아니더라도 나만의 디자인 가치를 세우고 그러한 디자이너가 될 수 있도록 고민하고 소통하는 것이 디자이너의 책임입니다.

▲ 신호등 하나의 디자인이 사회에 끼친 영향력은 생각보다 큽니다.

나무를 보는 시각

숲은 보는 시각을 가져야 한다고 해서 나무를 보는 시각을 버리라는 뜻은 아닙니다. 오히려 연차가 쌓일수록 그 실력의 차이는 사소한 '디테일'에서 나오기 때문입니다. 〈PART 1의 환상과 현실〉이야기 중 '선' 하나 배치하기가 점점 더 어렵다는 선배의 이야기를 했습니다. 그만한 경력의 디자이너라면 '디테일'의 차이가 하늘과 땅 차이라는 것을 잘 알고 있기 때문입니다.

가장 단순한 기초부터 다시 보는 시각

3년의 세월을 보내다 보면 점점 더 화려한 스킬, 효과, 컬러를 사용하면서 스타일로 디자인을 포장하려고 하죠. 아무리 효과를 바르고, 색을 입히고, 눈속임하더라도 뭔가 부족해 보이는 것은 바로 기초의 부재입니다. 디자인을 전문적으로 배우지 않은 비전공자이다 보니 기초를 탄탄하게 배우기보다 보기에 좋은 작업물을 만드는 것에만 초점을 두어와서 항상 불안한 디자인을 만들어 냈습니다. 비전공자의 문제만은 아닙니다. 분명 입시 미술, 대학에서 기초를 배웠지만, 이를 디자인에 적용하는 것은 다른 문제이기 때문입니다. 너무 기초라고 생각해서 망각하고 화려한 겉보기에 눈길이 가는 것은 사람의 심리이기 때문입니다.

디자인 기초의 중요성을 인스타그램 운영을 하면서 더욱 느꼈습니다. 사실 처음부터 반응이 좋았던 것은 아닙니다. 처음 인스타그램 게시글을 보면 실험의 단계들을 거친 것을 알 수 있습니다. 그러다가 디자인 피드백을 통해 기초적인 부분부터 바꾸기 시작했습니다. 피드백을 받은 후 2,000명이었던 팔로워가 만 명이 되기까지는 약 한 달의 시간이 걸렸습니다. 약 8개월 동안 조금씩 오르던 팔로워 수가 기하급수적으로 단기간에 오른 것이죠. 이처럼 디자인의 기초는 누군가에게는 심심하게 보이고 지루할 수 있지만, 사람들은 본능적으로 편안하고 안정된 시각적인 균형을 찾기 때문에 매우 중요합니다.

디자인의 기초, 또는 이론이라고 말하면 생각보다 어렵고 복잡한 개념으로 바라보는 분들이 많습니다. 의무교육을 받은 대한민국 사람이라면 디자인의 기초를 모두 알고 있습니다. 이미 미술 시간에 배우는 이론들이 디자인의 기초입니다. 대비, 원근법, 색, 표현법, 서체 등 들으면 대부분이 알만한 내용들이죠. 다만 이것을 디자인에 적용하는 것은 꽤 어려운 일입니다. 운동할 때 자극이 되는 부위를 생각하면서 운동을 하듯, 디자인할 때 어떠한 기초가 적용될지 의식적으로 생각하는 과정을 먼저 거쳐야 합니다. 이러한 훈련이 반복되다 보면 자연스럽게 사물을 볼 때 분석할 힘이 길러지게 됩니다.

전체를 이루는 조각들을 보는 시각

디자인에서 '디테일'은 어떤 것을 의미할까요? 많이 하는 착각 중 하나는 1px의 차이, 미세한 색의 차이와 같이 시각적인 결과물에서 디테일을 찾는다는 것입니다. 물론 이러한 시각적인 균형과 조화는 기본적으로 중요한 것입니다. 하지만 디자인을 소비하는 사람들에게 극소수만 인식할 수 있는 차이는 의미가 없죠. 흔히 '디테일이 미쳤다.'라고 말하는 영화나 드라마, 또는 콘텐츠에서 우리는 그 힌트를 얻을 수 있습니다. 바로 일관된 연출의 차이입니다. 제가 좋아하는 영화 중 하나인 '트루먼 쇼(The Truman Show)'에는 수많은 디테일들이 숨겨져 있죠. 처음 트루먼이 엄마 집을 방문했을 때 쓰여 있는 'My little clown (나의 작은 광대)'이라는 문구, 햇빛에 충분히 노출되지 못했을 때 섭취하는 비타민 D가 놓여 있는 식탁, 아무 쓸모 없음요. 니디네는 맨홀 뚜껑 위에 지어진 벽, 번개가 치지만 밝게 빛나는 달과 같은 장면들이 해당하죠. 이러한 디테일들은 '트루먼 쇼'의 핵심, 즉 트루먼이 사는 세계가 진짜가 아닌 꾸며진 스튜디오였다는 것을 암시합니다. 디자인에서도 프로젝트가 말하고자 하는 '메시지'에 부합하는 디테일들이 존재해야 합니다. 퍼즐 조각 하나하나가 모여 하나의 그림을 완성하듯, 디테일들은 '메시지'를 말하고 있어야 합니다.

지그재그는 '라이프 이즈 직잭'(Life is Zigzag)이라는 슬로건 아래, 무한한 콘텐츠 안에서 서로 영감을 주고받으며 자신만의 라이프 스타일을 만들어 갈 수 있도록 돕는 것에 브랜드 목표를 삼았습니다. 그리고 동대문 쇼핑 앱이라는 이미지에서 벗어나 더 확장된 브랜드 가치를 나타내기 위해 개인화, 큐레이터, 다양성, 발견이라는 4가지 키워드를 선택했죠. 그리고 이에 맞게 모든 라이프 스타일의 정답이 존재하지 않는다는 메시지로 2021년 '니 맘대로 사세요.'라는 문구와 함께 배우 윤여정을 모델로 발탁했습니다. 주요 소비층이 20~30대 여성임에도 불구하고 색다른 시도를 선택했습니다. 당시 배우 윤여정은 영화 '미나리'로 아카데미 수상을 하며 당당하고 재치 있는 소감으로 화제를 모았고, 예능 프로그램에서 보여주는 진정한 어른의 모습으로 젊은 층들에 사랑을 받았습니다. 또한, 자신만의 스타일이 확고한 여성으로 지그재그가 전달하고자 하는 메시지와 적절하게 부합하는 이미지였습니다. 이후에도 역시 '제가 알아서 살게요.'라는 문구와 함께 각자의 개성이 강한 6명의 여성 모델이 등장하는 광고를 선보였습니다. 전형적인 의류 광고에 사용되는 여성의 이미지가 아닌, 자신만의 라이프 스타일을 실천하고 있는 여성들의 이미지를 활용함으로 다시 한번 지그재그의 메시지를 전달하고 있습니다. 소비자들은 여성들이 어떤 의상을 입었는가에 대한 디테일보다는 지그재그에서 전달하고자 하는 메시지를 빠르게 캐치할 수 있는 이미지의 디테일에 신경을 씁니다. 만약 지그재그가 '자신만의 라이프 스타일'을 내세우면서 이전에 소비되었던 여성의 이미지를 사용했다면 별다른 호응을 얻지 못했을 것입니다.

ZIGZAG
제가 알아서 살게요

▲ 지그재그는 제품이 아닌 소비자의 가치에 디테일을 두었습니다.

디자인
설득하기

이제 막 옹알이하기 시작한 아이들과 놀다 보면 아이들의 말을 이해하지 못해 앞뒤 맥락에 따라 그들의 말을 대충 유추합니다. 그들이 원하는 것을 맞출 때도 있고, 그렇지 않을 때도 있죠. 어느 정도 성장하게 되면 서로 대화를 할 수 있는 수준까지 올라가게 됩니다. 그렇다고 그들의 모든 말을 알아들을 수 있는 것은 아니죠. 자기식으로 단어의 뜻을 바꾸거나, 자기만의 세계에서 사용되는 언어를 사용하기도 하죠. 학교와 사회를 거쳐 이제는 논리적인 언어로 상대와 대화할 수 있는 수준까지 이릅니다. 신입 디자이너에서 주니어 디자이너로 성장하는 과정에서 우리는 이제 논리적인 디자인 커뮤니케이션 기능을 탑재해야 합니다. 이 책에서 말하는 디자인 커뮤니케이션은 말 그대로 디자인을 위한 의사소통을 말합니다. 커뮤니케이션은 '가지고 있는 생각이나 뜻이 서로 통함'을 의미합니다. 디자인을 업으로 삼지 않는 사람들에게도 '통함'을 느끼게 하기 위해서 디자이너는 상대를 설득하는 기술을 가지고 있어야 합니다.

감각이 아닌 논리로 설명하기

"비비드하지만, 수수하게 해주세요."

"빈티지하지만, 모던하게 해주세요."

"엣지있고 클래식하게 해주세요."

클라이언트들의 이상한 디자인 요구를 표현하는 문장들입니다. 클라이언트와 디자이너 사이 커뮤니케이션의 오류는 하나의 밈으로 자리 잡을 만큼 디자이너라면 겪는 일반적인 고충입니다. 이러한 요구사항들에 디자이너는 난감한 입장이 되죠. 하지만, 이건 디자이너의 고충만이 아닙니다. 클라이언트들 또한 똑같은 고충을 가지고 있습니다. 프로젝트를 진행하다 보면 디자인 컨셉을 도출할 때 다음과 같은 뉘앙스로 PT가 진행됩니다.

"이번 디자인은 모던하고 심플하게 화이트 톤을 가지고 진행할 예정입니다."

만약 당신이 클라이언트라면 다음 단어에 집중이 되었을 것입니다. '모던', '심플', '화이트톤'. 그런데 내가 모던한 스타일을 좋아하지 않는다면 아무리 완벽하게 준비한 디자이너의 프레젠테이션은 귀에 들어오지 않을 것입니다. 감각은 사람들의 취향과 깊은 연관이 있습니다. 상대를 설득하기 위한 패로는 다소 무리가 있습니다. 이처럼 디자인 커뮤니케이션이라고 하여 '디자인적'인 단어를 사용하는 것이 아닙니다.

일하다 보면 철저한 분석, 분명한 기준, 그리고 그에 상응하는 퀄리티를 만족하는 디자인 시안이 나왔음에도 최종 결정이 되지 못해 세상에 나오지 못하는 디자인들이 많습니다. 분명 최종 결정 전까지 반응도 좋았는데 항상 마지막이 문제입니다. "대표님이 이 디자인을 원하지 않으세요."와 같은 최종 결정권자의 취향이 결정을 좌우하게 되죠. 이럴 경우, 디자이너는 두 가지 선택을 할 수 있습니다. 하나는 최종 결정권자의 취향에 맞는 디자인을 새로 만들어 주는 것이고, 다른 하나는 반려된 디자인으로 최종 결정권자를 설득하는 일입니다. 반려된 디자인으로 설득하는 것보다 원하는 디자인을 새로 만드는 것이 에너지가 덜 들기 때문에 대부분 이와 같은 선택을 합니다. 하지만, 브랜드 디자인 스튜디오 '네임드'는 다른 선택을 합니다. 이때 디자인 자체에 관해 이야기하지 않습니다. 비즈니스 모델로서 디자인을 이야기합니다. 디자인이 브랜드에 어떠한 영향을 미치며, 미래에 어떻게 확장될 수 있는지 설계된 PT로 상대를 설득합니다. 본인의 생각이나 취향으로는 어떤 감언이설로도 설득되지 않습니다. 네임드의 설득은 디자인이 예쁘고, 예쁘지 않고를 떠나서 클라이언트가 목표하는 바, 바로 비즈니스에 적합한 모델로 소비자들에게 브랜드의 가치를 잘 전달할 수 있는가에 대한 해답을 제시하고 있습니다.

이상한 광고를 만드는 별종, 오타쿠, 괴짜라는 별명을 가진 스튜디오 '좋'[1] 역시 이 설득의 원리를 잘 파악하고 있습니다. 스튜디오 '좋'은 삐에로 쇼핑, 홈플러스 소비패턴, 빙그레우스, 새로, 불닭볶음면 등 다양한 상품들을 그들만의 감성으로 소화하여 소비자들에게 많은 관심을 받는 광고회사입니다. 광고 자체가 B급 감성, 또는 덕후 감성이 짙기 때문에 "어떻게 이 광고가 승인될 수 있을까?"라는 의문을 불러일으키기도 합니다. 이러한 물음에 송재원, 남우리 대표는 다음과 같이 대답합니다. "저흰 광고주를 애써 설득하지 않아요. 애초에 광고주가 원하는 대로 만들죠. 실제로 이곳은 A부터 Z까지 철저히 광고주 지향형 대행사입니다. 주제

1. 한국일보, https://careerup.hankookilbo.com/v/2023053101/, 2023.05.31

파악을 정확히 하죠." 여기서 말하는 주제 파악은 "첫 번째, 제품을 팔기 위해 어떠한 해결 방안이 있는가. 두 번째, 광고주의 요구와 소비자의 관심이 맞닿는 지점을 찾는다. 마지막, 그 지점을 찾기 위해 카피라이터든 디자이너든 연출가든 모션 그래퍼든 자신의 기능을 할 뿐 자아실현은 하지 않는다."를 의미합니다. 그리고 '그냥 예쁜 디자인'이 아니라, '더 잘 팔리게 할 디자인'을 구상하는 것이 광고 제작자의 업이라고 말합니다. 그들은 클라이언트가 중요하게 여기는 진가를 확실히 지켰기 때문에 장르에 대한 새로운 도전이 거절되지 않았습니다. '제품을 잘 팔리게 하는 것'이 프로젝트의 목적입니다. 이 목적을 위해 소비자들이 원하는 것이 무엇인지 파악하고 이를 구매로 전환할 수 있는 매개체로 광고 디자인이 사용된 것입니다. 이처럼 공동목표와 논리적인 이유가 부합했을 때, 여러분의 디자인이 세상에 나올 수 있게 됩니다.

나만의 이미지 데이터 모으기

'초록'하면 여러분은 어떤 색이 떠오르나요? 연두빛에 가까운 초록색, 채도가 높은 진한 초록색, 올리브그린과 같이 채도가 낮고 살짝 탁한 초록색, 살짝 푸른 기가 도는 초록색 등 사람마다 각기 다른 색을 떠올리게 됩니다. '아늑함'과 같은 단어를 들었을 때는 어떤 이미지가 떠오르나요? 누군가는 시골 여름밤의 마루를 떠올리기도 하고, 작은 다락방을 떠올리기도 하며, 다정한 가족의 이미지를 떠올리기도 합니다. 사람들은 자기 경험에 따라 이미지를 떠올리기 때문에 같은 단어를 들어도 그 이미지가 모두 다르게 생성됩니다. 컨셉 회의나 기획 회의 때 분명 키워드, 색감에도 동의했는데 막상 디자인 시안을 들고 가면 자신이 생각했던 이미지가 아니라며 수정을 요청하는 경우가 많습니다. 같은 단어를 이야기하지만, 서로 다른 이미지를 떠올렸기 때문입니다. 그러므로 디자인 커뮤니케이션에서는 반드시 '이미지', 다른 말로 '레퍼런스'를 자산으로 가지고 있어야 합니다.

▲ 여러분이 생각하는 초록색은 무엇인가요?

　　신입 때 레퍼런스는 디자인 시안을 만들기 위한 참고 자료, 디자인 감각을 키우기 위한 자료였다면 주니어 디자이너에게 레퍼런스는 자신이 말하고자 하는 이미지를 설명하기 위한 자료가 됩니다. 일종의 디자인 아카이브가 됩니다. 다양한 디자인을 참고하는 것도 중요하지만, 참고한 디자인을 분류하는 것도 중요합니다. 보통은 '아메리칸 빈티지 스타일' 또는 '기업 포스터'와 같이 스타일이나 만들고자 하는 디자인의 방향에 따라 분류하기도 합니다. 이렇게 분류하여 저장하는 것도 좋지만, 설득을 위한 이미지 데이터를 모으기 위해서는 프로젝트의 '키워드'에 따라 분류하는 것이 좋습니다. 예를 들어, 프로젝트 리서치를 종합하여 디자인적 키워드를 '즐거움'으로 도출했다면 이제 디자인적으로 '즐거움'을 보여주어야 합니다. 디자인 작업물을 봤을 때, '즐거움'이 보이는 디자인을 모아보게 되면 공통적인 스타일, 시각적 요소, 표현 방법 등이 보이게 됩니다. 이렇게 되면 하나의 스타일이나 취향을 떠나 키워드에 어울리는 디자인을 선택할 수 있도록 설득할 수 있습니다. 즐거움을 이야기하면서 클래식하고 진중한 디자인을 추구할 수는 없으니까요. 키워드로 레퍼런스를 분류할 때 또 하나의 장점은 색다른 곳에서 영감을 얻을 수 있다는 점입니다. 이전에는 '포스터 디자인'을 한다면 '포스터'만 보게 되었죠. 하지만, 키워드별로 분류하면 포스터뿐만 아니라 패키지, 제품, 건축, 패션에서 영감을 찾을 수 있게 되고, 더 나아가 음악, 향, 문화 등 디자인 외적인 분야의 레퍼런스들도 이용할 수 있게 됩니다. 물론 이러한 데이터들을 자산으로 사용할 만큼 가지고 있으려면 부지런히 모으고, 분석하고, 분류하는 과정을 거쳐야 합니다. 이미지를 모으고 분류하는 과정이 익숙해질 때까지 하루에 하나의 이미지부터 실천해보는 것은 어떨까요?

신뢰 자산 쌓아놓기

월드컵에서 손흥민 선수가 언급하여 유행어가 된 '중요한 것은 꺾이지 않는 마음'은 많은 사람에게 용기와 희망을 주었습니다. 그런데 만약 이 말을 독재자의 대표, 히틀러가 했다면 어떻게 다가왔을까요? 제발 그 마음이 꺾이길 기도하는 사람들이 생겼을 것입니다. 이처럼 같은 말도 누가 하느냐에 따라 그 내용이 다르게 다가옵니다. 같은 의견을 말해도 누군가는 이상하게 사람들이 잘 따라오고, 누군가는 반대표부터 받는 상황이 있습니다. 우리는 이것을 '신뢰 자산'이라고 말합니다. 평소 관계에서 쌓은 신뢰가 자산이 되어 도움을 준다는 뜻입니다. 누군가를 설득할 때 논리적인 이론과 그에 부합하는 자료들도 중요하지만, 관계에서의 신뢰 자산도 매우 중요합니다.

먼저 업무에 결과적으로 신뢰를 줄 수 있습니다. 디자인하다 보면 지나가는 사람마다 한 마디씩 툭 던지고 갑니다. 누군가의 말은 아무런 타격을 입히지 못하지만, 누군가의 말은 작업을 멈추고 다시 생각하는 시간을 가지게 합니다. 후자의 영향을 주는 사람은 디자인을 잘하는 선임이나 동료일 가능성이 높습니다. 그리고 우리는 그런 사람에게 제 발로 찾아가 조언을 구하기도 합니다. 그리고 그 말들에 설득이 되죠. 가끔은 내가 생각한 것이 더 맞는 것 같지만, 그들의 의견에 더 찬성하는 것은 보장된 수치가 있기 때문입니다.

그렇다고 결과적인 부분만으로 완전한 신뢰를 형성하는 것은 아닙니다. 바로 관계에서의 신뢰입니다. 같은 능력의 소유자라면, 자신만 챙기는 동료나 선임보다 잘 도와주고 이끌어 준 동료나 선임의 말에 더 설득되는 것은 사실입니다. 업무를 도와주는 과정에서 상대는 나에 대한 신뢰를 쌓았기 때문입니다. 아부하거나 적을 두어서 내 편을 만드는 것이 아닙니다. 업무 과정에서 관계에 대한 경험을 만드는 것이 중요하죠.

2

주니어 디자이너, 한 단계 성장할 때

3

새로운
살아남기

"살아남기는 계속 된다."

3, 6, 9 법칙에 따라 이직을 준비하고 있던 어느 날, 갑작스러운 소식을 접하게 됩니다. 코로나 이후로 상황이 좋지 않던 회사가 더 이상의 손실을 막기 위해 사업을 접기로 했다는 소식이었습니다. 생각했던 것보다 갑자기, 그리고 일찍 다가온 퇴사에 저는 망망대해로 다시 내몰리게 되었습니다. 당장 제출할 포트폴리오도, 이직할 회사도, 모아둔 자금도 없이 말이죠. 또다시 살아남기 위한 여정이 시작되었습니다.

EPISODE 9

번아웃을
이겨내는 방법

어느날 갑자기 직장이 사라지고
경력이 끊기는 일이 생겼습니다.

퇴근하고 인스타툰도 하고
디자인 공부도 했던 나니까
더 열심히 살겠지?

인간은 자기 자신을
너무 믿는 실수를 반복합니다.

유독 더웠던
여름의 날씨 탓인지

불규칙해진
일상의 루틴 탓인지

갑작스러운
혼란스러움 탓인지

194

난생 처음 번아웃을
경험했습니다.

겪어보니 힘들수록
원래 생활로 돌아오는
장치가 필요하더군요.

무너진 것은

다시 쌓으면
됩니다.

더 나아가 다시 무너지지 않게
방법을 찾아야 하죠.

우리는 각자의 방법으로 블럭을 견고하게 할
쉼과 행복을 가지고 있습니다.

다시 시작할 수 있도록
이 불꽃을 잘 조절해야죠.

그러기 위해서
평소 자신을 잘
돌아보고 방법을
찾아보세요!

떠난 후,
새로운 여정

불행 중 다행인지, 인스타그램은 점점 성장하고 있었고, SNS를 통해 다양한 분들을 만날 기회가 생겼습니다. 인스타 활동도 하고, 새로운 관계를 만들어 가면서 퇴사 후 꽃길이 펼쳐질 것 같았습니다. 하지만, 회사의 울타리를 벗어난 저에게 주어진 길은 끝임없는 갈림길과 모퉁이뿐이었습니다. 준비 없이 내몰린 환경 탓인지 이리저리 방황하다가 인생 최대 위기를 맞게 됩니다.

인생은 실전이다

갑작스러운 독립생활 이후, 처음에는 즐거웠습니다. 월요병도 사라지고, 내가 하고 싶은 일은 내가 하고 싶은 시간에 할 수 있다는 자유도 즐기며 나름 알찬 생활을 시작했습니다. 하지만, 이내 문제가 생기기 시작했습니다. 바로 '규칙적인 생활'에 문제가 생긴 것이죠. 첫 회사를 그만두고 바로 아르바이트를 구할 만큼 쉬는 것에 대한 불안이 있던 저에게 몇 년 만에 주어진 쉼이 처음에는 낯설게 느껴졌습니다. 그러나 인간은 적응하는 존재라는 말을 증명하듯 업무와 쉼의 경계가 흐트러지기 시작했습니다. 아마 쉬는 것에 대한 불안은 저 자신이 한없이 쉴 수 있다는 것을 본능적으로 알았기 때문인 것 같습니다. 그렇게 흔히 말하는 백수 라이프가 시작되었습니다. 이전에는 회사 업무를 하다가 잠깐의 틈이 나면 디자인 아티클을 보거나 레퍼런스들을 모으는 데 시간을 썼다면, 이제는 책상에 앉는 일이 거의 없었습니다. 그렇다고 알차게 여행을 가거나 전시를 보거나 사람들을 만나는 시간을 가진 것도 아닙니다. 늘어지는 시간은 점점 길어지고, 콘텐츠를 제작하는 일도 점점 줄었습니다. 부끄러운 고백이지만 당시에는 이러한 행동이 도피의 일종인지 몰랐습니다. 사실, 인스타그램을 운영하면서 또한 책을 쓰면서 많은 괴리감을 느꼈습니다. 사람들이 보는 나와 내가 알고 있는 나는 너무나 차이가 났기 때문입니다. 저는 대단한 사람도 아니고, 디자인을 잘하는 사람도 아닙니다. 인스타그램을 운영하는 목적도 아는 것을 알려주는 것이 아니라, 내가 몰랐던 것을 공부하고, 또 공부하면서 느꼈던 것들을 공유하는 것이었습니다. 그런데 점점 팔로워도 늘어가고, 저의 콘텐츠에 힘을 얻었다는 반응들을 보며 알게 모르게 중압감을 느끼고 있었습니다. 그러던 중에 회사는 사라졌고, 저는 그저 방에 누워있는 사람이었습니다. 하지만 사람들에게는 계속 성장하고, 유익한 정보를 주는 사람으로 남아있어야 했죠. 이러한 생각들이 완벽해야 한다는 강박을 만들어내기 시작했습니다. 즉, 게으른 완벽주의자가 된 것입니다. 지금까지 살면서 제가 '게으른 완벽주의자'가 될 것이라고는 상상도 하지 않았습니다. 이전에는 '일단 해보자!'라는 생각으로 마무리 짓지 못하더라도 실천하는 사람이었기 때문입니다. 시작하는 것을 두려워하지 않았는데 이제는 시작하는 것이 막막해지기 시작했습니다. 퇴근 후에도 책상에 앉아야 한다는 신념을 가졌던 사람이 책상과 점점 멀어지기 시작했죠. 역시, 인생은 실전입니다. 이론으로는 다 알고 있지만, 뜻대로 되지 않는 순간들도 있습니다.

누구에게나 이러한 순간은 찾아옵니다. 마냥 맑은 하늘에서 갑자기 천둥이 치는 날도 있고, 비가 오기도 합니다. 번개가 치면 실내로 대피하면 되고, 비가 오면 우산을 준비하면 됩니다. 다들 알고 있습니다. 하지만, 갑작스러운 상황에서는 생각이 나지 않습니다. 어디에 들어가야 하는지, 어디서 우산을 사야 하는지 생각나지 않습니다. 이러한 변화가 갑작스럽지만, 종종 찾아온다면 우리는 어디서 우산을 파는지 알게 되고, 더 나아가 작은 우산이라도 챙기게 되죠. 그리고 이제 눈이 갑작스럽게 내려도 우리는 잠시 당황하지만, 이제 이 변화에도 곧 대비하게 됩니다. 살아가는 순간들도 같습니다. 생각한 대로, 계획한 대로 일이 흘러가지 않습니다. 지루한 말이지만, 항상 해가 떠 있으면 작물이 자라지 않고, 밤은 오지 않죠. 아침이 오면 밤이 찾아옵니다. 그리고 다시 아침을 기다리죠. 졸업 후, 지금까지 한 번도 일을 쉬지 않았던 저에게 이번 경험은 갑작스러운 변화였고, 이러한 상황에 대비하지 못해 힘든 일도 겪었습니다. 그리고 이러한 시간을 보내면서 더 성장하게 되었습니다. 제 경험을 여러분께 말씀드릴 수 있게 되었고, 그 과정이 얼마나 힘든지도 알 수 있었으니까요. 나아가 이러한 상황이 다시 찾아오게 된다면 어떻게 해야 할지 대비하게 되었죠.

▲ 일주일 날씨에도 맑은 날이 있고, 흐린 날이 있습니다.

끊임없는 발버둥

규칙적인 생활이 무너진 저는 '꼭 해야 할 일 3가지' 목록을 만들었습니다. 게으른 완벽주의자라는 핑계로 나를 망치고 싶지는 않았습니다. 그래서 하루 종일 무엇을 하든지 이 세 가지는 꼭 실천하기로 다짐했습니다.

- 디자인 아티클 하나 분석하기
- 레퍼런스 하나 분석하기
- 책 3장 읽기

첫날 겨우 리스트를 실행하고, 다음 날은 다시 게으른 일상으로 돌아왔습니다. 다시 또 도전하고, 실패를 반복하면서 규칙적인 일상을 잡기 시작했습니다. 이러한 과정에서 저에게 필요한 부분들을 다시 공부하고 채워갔습니다. 그리고 또다시 예전으로 돌아가는 것을 막고자 주변에 도움을 요청했습니다. 다행히 새로운 프로젝트에 참여할 수 있게 되었고, 그 일을 계기로 '나는 어떤 디자이너가 될 것인가?'를 다시 생각하게 되었습니다. 그리고 저와 같은 비전공자분들이 디자인 세계를 살아갈 때, 실질적인 도움과 힘이 되는 디자인 교육에 관심을 가지기 시작했습니다. 새로운 모퉁이를 찾은 셈이죠! 지금도 살아남기 위해 또 발버둥을 치는 하루를 보내고 있습니다. 전과 달라진 점은 이전에는 나만을 위해 발버둥을 쳤다면 이제는 함께 살아남을 사람들을 위한 발버둥을 치고 있습니다.

199

처음은
누구에게나
있으니까

신입 시절이 지나고, 주니어가 되고 이후 시니어가 된다고 하더라도 누구에게나 처음은 찾아옵니다. 지금, 이 순간 1초도 우리는 한 번도 겪어보지 않은 미래의 시간이고, 처음 순간이죠. 이직, 퇴직 후 우리는 또다시 처음 맞는 생활을 시작합니다. 이제 우리는 새로운 살아남기를 위해 준비해야 합니다. 경력이 많은 사람이라도 환경과 주변 사람들이 바뀌면 적응하기 위한 시간이 필요합니다.

디자이너의 경력직 이직

경력이 어느 정도 쌓이면 이직을 생각하게 됩니다. 처음 입사했을 때와 이직했을 때는 다릅니다. 신입은 경력이 없는 상태로 실무에 관한 지식을 쌓고, 하나를 알려주면 하나를 따라가기도 벅찬 상태입니다. 앞에서 말했듯이 실수해도 어느 정도 넘어갈 수 있습니다. 하지만 경력직은 다릅니다. 기대하는 경력에 맞는 업무 능력을 보여주어야 하고, 새로운 환경에도 적응해야 합니다. 오히려 신입 시절보

200

다 더 힘들게 적응 기간을 보내야 할 수도 있습니다. 이직을 준비하는 과정도 신입 때와는 다릅니다.

취업하는 디자이너에게 가장 중요한 것은 '포트폴리오'입니다. 신입 때와 마찬가지로 프로젝트를 넣고, 포트폴리오를 구성하는 방식은 똑같습니다. 다만, 약간의 디테일을 신경 써야 합니다. 경력이 없을 때와 경력이 쌓인 후의 프로젝트는 다릅니다. 팀으로 진행했을 경우, 자신의 기여도를 표시해야 하며 실제 작업물에 대한 이미지도 첨부할 수 있습니다. 프로젝트 이후의 반응 또한 파악할 수 있습니다. 신입의 포트폴리오와 경력직의 포트폴리오는 이러한 디테일에서 달라집니다.

인하우스든 에이전시든 3~5년 정도 일을 하면 몇 가지 프로젝트에 참여하고, 진행하게 됩니다. 이직을 위한 포트폴리오를 제작하기 위해 프로젝트 준비 과정부터 기록을 모아야 합니다. 경력직이라면 디자인에 대한 접근, 디자인을 도출하는 과정을 그릴 줄 알아야 합니다. 경력직 이직은 '경력'을 보기 위함입니다. 경력이 쌓이면 팀이 생기고, 팀을 이끌 수 있는 능력 또한 갖춰야 합니다. 디자인을 잘 만들 뿐만 아니라 프로젝트의 목적을 파악하고 이에 부합하는 이미지를 도출하며, 이러한 과정을 다른 사람들이 이해하고 따를 수 있는 논리성도 지녀야 합니다. 앞서 말했듯이 자신만의 언어, 생각으로 디자인하게 된다면 클라이언트를 이해시키기 전에 같은 팀원들에게조차 설득되지 못합니다. 프로젝트가 진행되고 최종 결과물이 나오면 이를 사진이나 영상으로 모아두는 것이 좋습니다. 목업(Mockup)을 사용하여 디자인 작업물을 실물처럼 보여줄 수 있지만, 실제 작업물을 사진 찍는 것이 가장 좋습니다. 목업을 사용하게 되면 부자연스러운 편집으로 이질감을 느낄 수도 있고, 흔한 템플릿이라면 다른 디자이너들도 사용할 수 있어 지루하게 보일 수 있습니다. 신입의 포트폴리오라면 훌륭한 구성이 될 수 있습니다. 하지만, 경력직의 포트폴리오는 마무리까지 중요합니다. 프로젝트를 실제로 진행하면 소비자들의 반응을 알 수 있고, 이를 분석까지 하는 것이 포트폴리오의 마무리입니다. 특히 UI/UX에서는 User, 즉 소비자가 중요하기 때문에 이러한 분석은 더욱 중요합니다. 긍정적인 결과만 넣는 것도 좋지만, 한두 가지 부정적인 의견에 대한 추후 문제점 개선까지 파악하면 좋습니다. 완성된 포트폴리오는 개인 웹사이트나 디자인 사이트에 업로드하는 편이 좋습니다. 개인 프로젝트, 기업에서 진행했던 프로젝트 등 프로젝트가 끝날 때마다 올리면 다음에 정리하기 편합니다. 그리고 웹사이트를 이용하는 가장 큰 목적은 다른 사람들에게 보이기 위함입니다. 디자인 사이트는 디자이너뿐만 아니라 디자이너를 찾는 클라이언트, 기업들이 들어와서 보기 때문에 더 많은 기회를 얻을 수 있습니다.

수없는 경쟁자들을 제치고 이직에 성공했다고 하더라도 본격적인 시작은 이제부터입니다. 신입 시절에는 '모른다.'라는 생각으로 하나부터 열까지 꼼꼼하게 배우고 습득하려고 합니다. 경력직은 다르죠. 이미 어느 정도 프로세스를 알고 있고, 익숙한 일들도 있어 오히려 새로운 환경을 습득하기보다 자기 경험, 감을 믿습니다.

'아는 것이 힘이다.', '모르는 것이 약이다.' 이 두 가지 속담은 아는 것과 모르는 것의 모순을 나타냅니다. 세상을 살다 보면 아는 것이 힘일 경우가 많습니다. 사회 초년생까지는 '아는 것'을 채우려고 부단히 노력합니다. 그리고 사회생활을 하다 보니 우리는 어느새 '모르는 것'을 연습하고 있습니다. 모든 것을 아는 것보다 때로는 모르는 것, 정확히 말해서는 모르는 척 넘어가는 것이 더 좋은 결과를 얻기도 하죠. 경력직으로 이직할 경우 '모르는 것'에 집중해야 합니다. 해당 업종에서 경력을 쌓고 더 나은 환경으로 이직하고자 하는 사람들은 이미 많은 '아는 것'이 넘쳐나고 있습니다. 기업에서 경력직을 뽑는 이유도 이와 같습니다. 해당 업무에 경험이 더 많고, 아는 것이 더 많은 사람이 필요했기 때문입니다. 수많은 경쟁을 뚫고 들어온 경력직 신입사원들은 의외로 그 환경에 잘 적응하지 못합니다. 바로 '아는 것'만 내세우기 때문이죠. '하는 일'은 비슷할지라도 기업마다, 팀마다 진행하는 과정, 소통방식은 다릅니다. 아무리 업무 능력이 뛰어나다고 해도 소통이 되지 않으면 함께 일하기 힘들어집니다. 내가 안다고 자부한 순간 '무지'의 영역에 관해서는 관심을 가지지 못하고, 잘못된 부분을 바로잡기 힘듭니다. 디자이너는 혼자 일하는 것이 아님을 또다시 명심해야 합니다.

프리랜서 디자이너

울타리 밖, 진정한 야생의 공간에서 일하는 디자이너를 우리는 '프리랜서' 디자이너라고 부릅니다. 약속된 월급, 법적 보호, 프로젝트 조달 등 모든 것을 혼자 해내야 하는 초인적인 힘을 발휘해야 합니다. 요즘은 온라인에서도 클라이언트를 쉽게 찾을 수 있어 더 나은 상황 같지만, 그만큼 프리랜서 디자이너들이 많기 때문에 경쟁 역시 치열합니다. 또, 그만큼 나만의 '장점'을 부각해야 합니다.

프레젠테이션 디자이너는 많지만, 기획부터 시작하는 디자이너는 많지 않습니다. 회사에 있을 때는 다양한 프로젝트를 진행하기 때문에 특정 디자인만 진행하기는 어렵습니다. 그러나 프리랜서 디자이너라면 오히려 특정 스타일에 전문성을 가지면 클라이언트에게 더욱 인식되기 쉽습니다. 고흐, 피카소, 모네 등 '구매자'가 필요한 화가들은 자신만의 스타일을 추구했습니다. 물론 예술적인 이유도 있지만, 자신의 스타일이 없으면 누구에게나 대체될 수 있기 때문입니다. 그림 실력이 뛰어났던 화가들이 많았지만, 자신의 스타일을 찾지 못해 '모작' 화가로 활동하는 사람들도 많았습니다. 이처럼 프리랜서 세계에서는 다 잘하는 것보다 자신의 스타일, 아이덴티티를 나타내는 것이 좋습니다.

프리랜서 디자이너는 고객을 모으기도 힘들지만, 고객과 소통하는 부분에서도 많은 어려움을 겪습니다. 디자이너는 디자인의 과정을 알고, 그 과정에서 드는 노동과 시간의 대가를 인식하고 있습니다. 하지만, 고객은 그저 결과물을 보고 이야기할 뿐이죠. 문장 하나 추가하는 것, 색을 바꾸는 것이 왜 시간이 더 필요한 일이지 설명해야 합니다. 비용에서도 문제를 겪습니다. 서비스로 사진 보정을 원하거나, 작업이 다 완료되었는데 마음에 들지 않아 비용을 지불하지 않는 일도 종종 있습니다. 이런 경우를 대비해서 디자이너들은 클라이언트와 소통할 때 중요한 '계약', 그리고 '소통'에 대한 준비를 해야 합니다. 요즘은 인터넷, 책, 그리고 커뮤니티를 통해 다양한 정보를 얻을 수 있습니다. 디자이너 계약서를 무료로 제공하는 디자이너들도 있고, 법적인 문제에 대해 자세히 알려주는 책도 있습니다. 한국 디자인 진흥원에서는 '표준 디자인 계약서'를 열람할 수 있습니다. 계약 시 주의해야 할 점은 크게 비용, 시기, 범위입니다.

디자인 비용은 프로젝트, 디자이너의 영향력, 클라이언트의 요구에 따라 달라집니다. 판매 플랫폼을 이용한다면 다른 디자이너들의 상세페이지와 자신의 디자인 능력을 비교하여 평균적인 비용을 사용하는 것이 좋습니다. 이때 비용은 계약금(50%)+완료금(50%)으로 받는 것이 좋습니다. 작업 시 필요한 비용을 미리 사용할 수 있기 때문에 금전적인 부담도 덜 합니다. 프로젝트가 커지면 계약금(30%)+중도금(30%)+완료금(40%)를 받기도 합니다. 프로젝트 완료 시 비용을 받게 되면 시안만 주고 비용을 받지 못하는 경우가 생길 수도 있으므로 미리 대비하는 것이 좋습니다.

프로젝트의 완료 시점을 정하지 않으면 계속해서 작업해야 하거나, 완료금의 시일이 정해지지 않아 애매해지는 경우가 생깁니다. 기한을 정할 때는 기획 기간, 작업 기간, 수정 기간, 발주 기간으로 세분화하는 것이 좋습니다. 클라이언트는 디자이너는 '디자인 작업'만 한다고 생각하기 때문에 전체적인 기간을 말하면 생각보다 오래 걸린다는 반응을 보입니다. 그래서 기획, 작업, 수정, 그리고 발주 기간까지 여유 있게 정하는 것이 좋습니다. 그리고 이러한 기간이 설정되어야지 클라이언트도 이후 일정을 효율적으로 관리할 수 있고, 프로젝트의 오픈 일을 정할 수 있습니다.

디자인 시안이 완성되면 '여기 색 바꿔주세요.', '이 부분 수정해 주세요.' '여기 문구 넣어주세요.'라는 수정 요구가 끊임없이 옵니다. 정말 작은 부분이지만, 이것들이 쌓이면 일이 계속 늦춰지게 되고, 디자인 수정 시 바뀌는 부분이 많기 때문에 수정 범위를 제한해야 합니다. 사전에 클라이언트에게 수정 횟수를 제한하고, 이후 발생하는 추가 수정은 비용이 지급됨을 고지하면 클라이언트는 최대한 신중하게 수정해야 할 부분들을 정리하여 보내줍니다. 그리고 수정 횟수가 제한되어 있음을 고지하면서 꼭 필요한 내용들을 다시 숙지할 것을 권합니다. 작업물에 들어갈 내용, 사이즈, 개수 등 처음부터 조사되어야 이후 작업이 수월해집니다.

그 외에도 무리한 부탁이나 요구는 처음부터 거절해야 합니다. 프리랜서 처음에는 고객 한 명, 한 명이 소중하여 그들을 잡기 위해 비용을 받지 않고 추가 작업을 진행하거나, 서비스 개념으로 디자인 작업을 진행하게 됩니다. "호의가 계속되면 권리인 줄 안다."는 말처럼 클라이언트는 이 호의에 익숙해지면 계속해서 이를 요구합니다. 그리고 다른 디자이너와 작업할 때도 이를 요구합니다. "다른 디자이너는 해줬는데…"라는 말을 덧붙이면서요. 자신뿐만 아니라 같은 업계 종사자들을 위해서라도 지나친 부탁은 정중히 거절해야 합니다.

'처음'은 두렵기도 하지만, 설렘을 담고 있습니다. 그리고 용기도 필요합니다. '시작이 반이다.'라는 속담은 용기를 내기가 얼마나 어려운 것인지 말하고 있습니다. 시작하면 수많은 문제를 마주해야 하므로 우리는 시작을 어려워합니다. 어떠한 행동, 예를 들어 '포트폴리오 만들겠다.'라는 목표가 있으면 그 목표를 위해 어떻게 행동해야 할지 생각합니다. 그리고 이 생각을 행동으로 옮기기 위해서는 5초의 법칙을 지키면 됩니다. 어떠한 행동을 하기 싫다, 하고 싶다 결정하는 것은 '감정'입니다. 뇌가 행동에 감정을 결정하기 전 '그냥' 행동을 시작하면 됩니다.

비전공자의
상상은
현실이 된다

인생 영화는 많지만, 그중에서 하나만 선택하라고 하면 저는 〈월터의 상상은 현실이 된다〉를 이야기합니다. 이 영화는 상상력 많은 한 남자로부터 이야기가 시작됩니다. 지루하고 평범한 안정적인 하루를 사는 월터지만, 누구보다 뛰어난 상상력 안에서는 히어로이고 로맨티스트가 됩니다. 사진작가 숀의 사진을 찾기 위해 그의 상상이 현실이 되는 여행을 시작합니다. 〈월터의 상상은 현실이 된다〉는 많은 사람에게 인생 영화로 뽑힙니다. 그 이유는 우리 또한 이러한 상상을 하지만, 현실의 벽에 막혀 이를 고이 접어 잊어버리고 살아가기 때문입니다. 잊어버린 꿈을 다시 생각하고, 월터의 도전들을 보며 다시 열정과 용기를 가지게 됩니다.

저는 디자인으로 많은 사람과 소통하는 것이 꿈이었습니다. 디자인 세계에서 살아남기 위해 애쓰는 동안 꿈은 짐처럼 느껴지고, 나에게 어울리지 않는 물건처럼 여겨졌습니다. 하지만, 계속되는 도전과 응원으로 마침내 저의 상상은 현실이 되었습니다. 꿈은 가지고 있는 것 자체로 효력을 가지고 있습니다. 꿈을 가지고

207

있으면 현실로 만들기 위해 노력합니다. 그리고 살아남는 과정에서 나침반이 되어줍니다. 때로는 평소에는 하지 않을 행동을 하기 시작하죠.

디자인 툴만 다룰 줄 알았던 저는 디자인을 공부하기 시작했습니다. 디자인에 대한 정의가 다시 세워지고 디자인 세계가 넓어지기 시작합니다. 혼자 남은 팀에서는 다른 팀의 협업을 위해 디자인 커뮤니케이션을 배웠습니다. 그리고 왜 디자인은 다른 분야보다 피드백을 주고받는 것이 어려운지 그 원인을 알고 싶었습니다. 디자인 피드백을 잘 받고, 하기 위해서 공부했습니다. 업무가 익숙해지고, 디자이너라는 직무에 대한 불안감이 생겼을 때 SNS를 통해 디자인 이야기를 그렸습니다. 그리고 현재 SNS와 책을 통해 제 이야기를 다른 사람들에게 전하고, 또 소통할 기회를 얻었습니다.

꿈에 도달하는 과정은 각각 다릅니다. 어떤 사람은 생각보다 일찍 도착할 수도 있고, 어떤 사람에게는 그 여정이 긴 시간이 될 수 있습니다. 중요한 것은 남들과 비교하지 않고 자신의 길을 걸어가야 한다는 점입니다. 누구나 가는 방식으로 길을 걷는다면 나의 상상과 꿈이 아니기 때문이죠. 그 과정에서 자신이 얻고자 하는 것은 다르기 때문입니다. 심지어 10년 전의 나의 꿈과 현재의 나의 꿈은 확연히 달라질 수 있습니다. 꿈 역시 시간이 지나고 경험이 쌓이다 보면 새로운 방향으로 다시 설계됩니다. 이것은 저의 이야기만이 아닙니다. 여러분 역시 여러분의 꿈, 상상을 현실로 만들 수 있습니다. 멀리 보이는 꿈이 지금은 까마득히 멀어 보이고, 비현실적으로 다가옵니다. 하지만, 눈앞의 문제들을 하나하나 해결하며 묵묵히 걸어가다 보면 어느새 그 꿈에 도달하는 순간이 옵니다. 오늘도 여러분의 상상을 현실로 만들기 위한 한 걸음이 되길 바라며, 여러분의 상상을 응원합니다.

살아남는 중입니다.

비전공자부터 시작하여
주니어 디자이너까지
살아남은 이야기 들어주셔서
감사합니다.

저의 이야기는
여기서 마무리됩니다.

아직 디자인 세계를
다 경험하지 못했기
때문이죠.

디자인 세계를
마스터는 못했지만

나름대로
살아남는 중이죠.

그런데
나름 살아남아
여유가 생겨
주변을
둘러보니

다른 세계가 있더군요.

제가 있는 곳은
작은 일부였죠.

더 넓은 세계들이 있고,
저는 또 결심했습니다.

더 넓고 성장을 위한 세계에서
살아남기로요!
디자인 세계,
그리고 또 다른 여행길에서
만났으면 좋겠습니다 :)

그럼 안녕히!

참고 문헌

▶ [23p] 여러분이 표현하고자 하는 단어를 가장 잘 표현해 주는 디자인이 가장 좋습니다.
　현대카드 DIVE, https://www.youtube.com/watch?v=r64hvQbRFEc, 2020.12.14

▶ [36p] '빈백'과 같은 새로운 형태의 디자인을 만들 수 있다.
　사용자의 마음을 움직이는 UX 디자인의 힘, 김동후 (맹그로브숲), 15p

▶ [161p] 그래프
　Doden, W., Pfrombeck, J., & Grote, G. (2023). Are "job hoppers" trapped in hedonic treadmills? Effects of career orientations on newcomers' attitude trajectories. Journal of Organizational Behavior, 44(1), 64-83

▶ [167p] 하나님은 하늘에 계시고 세상을 평안하도다.
　빨간머리 앤, 루시드 몽고메리 (인디고), 526p

▶ [178p] 디자인은 삶의 형태를 결정하는 막강한 영향력을 가집니다.
　디자인의 가치, 프랭크바그너 (안그라픽스), 19p

▶ [186p] '좋' 송재원, 남우리 대표 기사
　한국일보, https://careerup.hankookilbo.com/v/2023053101/, 2023.05.31

⬭ 참고 문헌

▶ 디자이너입니다, 출근은 안합니다.
　최인호 (브런치)

▶ 사용자의 마음을 움직이는 UX 디자인의 힘
　김동후 (맹그로브숲)

▶ 심플하지만 화려하게 해주세요
　박창선 (부키)

▶ 기획의 정석
　박신영 (세종)

▶ 디자인의 가치
　프랭크 바그너 (안그라픽스)

▶ 늙지 않는 디자인
　숀Shaun (행성B)

▶ '골'이 좋아서 공격수를 하겠다고?
　서현직 (브런치) https://brunch.co.kr/@zseo/72

▶ 괴짜들이 주인공이 되는 곳, '스튜디오좋'이 일하는 법
　https://careerup.hankookilbo.com/v/2023053101/

▶ '귀한 몸'된 20대 대기업 떠난다.
　https://www.mk.co.kr/news/business/10799310, 2023. 08. 02

▶ 현대카드DIVE Over the Recorpd - 현대카드 CEO 정태영 회장시리즈
　https://www.youtube.com/watch?v=r64hvQbRFEc

▶ 토스 디자인 컨퍼런스, 그냥 사용자한테 물어보면 안 돼요?
　https://toss.im/simplicity-21/sessions/1-3,